2021年度国家社会科学基金艺术学西部项目“铸牢中华民族共同体意识背景下推动西藏文化和旅游融合发展的路径研究”（21EH218）

文化和旅游产业发展与区域经济增长

Cultural and Tourism Industry Development and Regional Economic Growth

孔少华　张崇雨◎编著

经济管理出版社
ECONOMY & MANAGEMENT PUBLISHING HOUSE

图书在版编目（CIP）数据

文化和旅游产业发展与区域经济增长/孔少华，张崇雨编著．—北京：经济管理出版社，2024.1

ISBN 978-7-5096-9602-6

Ⅰ．①文… Ⅱ．①孔… ②张… Ⅲ．①旅游文化—产业发展—研究—中国 ②区域经济—经济增长—研究—中国 Ⅳ．①F592 ②F127

中国国家版本馆 CIP 数据核字(2024)第 040106 号

组稿编辑：郭丽娟
责任编辑：魏晨红
责任印制：黄章平
责任校对：张晓燕

出版发行：经济管理出版社
（北京市海淀区北蜂窝 8 号中雅大厦 A 座 11 层　100038）
网　　址：www. E-mp. com. cn
电　　话：（010）51915602
印　　刷：北京晨旭印刷厂
经　　销：新华书店
开　　本：720mm×1000mm/16
印　　张：10.5
字　　数：189 千字
版　　次：2024 年 3 月第 1 版　　2024 年 3 月第 1 次印刷
书　　号：ISBN 978-7-5096-9602-6
定　　价：88.00 元

前 言

本书从理论与案例两方面展开，探讨了文化和旅游产业发展与区域的经济增长，共分为十一章。第一章以产业集聚理论和集聚增长理论为理论基础，分析了产业集聚对集聚区旅游及经济增长的影响机制和产业集聚对外围区旅游及经济增长的影响机制。第二章以地理学第一定律和经济增长极与区域辐射理论为理论基础，分析了旅游经济的溢出效应及其机制。第三章以区域经济非均衡发展理论和文化资本再生产理论为理论基础，分析了文化资本对区域经济的直接影响和间接影响。第四章以多元治理理论和乡村建设理论等为理论基础，分析了文化产业赋能乡村振兴的三重价值向度及文化产业赋能乡村振兴的分析框架。第五章以西部地区为主展开旅游产业集聚对旅游经济增长的实证研究，针对西部地区旅游产业与旅游经济增长的现状，使用空间相关性方法探讨了西部地区旅游产业集聚对旅游经济增长的影响研究，得出西部地区各省份的旅游经济增长存在空间溢出效应的结论。第六章基于第五章的研究，分析了西部地区旅游经济的空间溢出效应，得出西部地区旅游劳动力投入会产生正向的空间溢出效应，对其邻近地区的旅游经济产生积极作用。第七章研究了文化资本对区域经济的影响机制，得出文化资本可以直接促进经济增长等结论。第八章分析了文化资源对经济增长的影响是“资源诅咒”还是“资源祝福”。第九章以山东省为例，展开了文化发展与乡村经济的实证研究。第十章以四川省为例，展开了文化产业与旅游产业融合发展的实证研究。第十一章分析了数字经济与文化服务效能提升的方案、现实困境以及路径和措施。

本书的总撰稿人：孔少华，各章编写分工如下：第一章：刘敏、李瀚尊；第二章：冯憬、李鑫；第三章：李成飞、张金壮；第四章：朱红艳、张崇雨；第五章：刘敏、贾雁聪；第六章：冯憬、黄小婷；第七章：李成飞、赵梦雅；第八章：田源；第九章：刘浩；第十章：刘敏、张金浪；第十一章：朱红艳、张崇雨。

目　录

第一章　旅游产业集聚与区域经济增长

第一节　基本概念

一、旅游产业

在不同的时期，社会对产业的界定不同，从农业革命到工业革命，人类社会从依赖农业生产和手工业生产转变为依赖机械化大规模工业生产，引领了经济、技术和社会结构的巨大变革。随着社会生产力的持续发展，现代产业生产中的物质性与非物质性生产活动日益复杂，产业化理念也在不断变化。早期旅游是否是一个产业在学术界争议不断，众说纷纭。随着旅游的发展、旅游业关联带动性逐渐增强，旅游概念界定从早期旅游、现代旅游发展到旅游产业的阶段。李天元（2013）从广义的角度对旅游产业进行了界定，认为旅游产业是随着旅游活动而产生的，为了满足游客在旅游过程中的一系列需求，并为其提供一系列服务的综合性产业；从狭义的角度来看，旅游产业仅仅是指由具有营利属性的企业组合而成，仅从旅游产业的经济属性出发。王慧敏（2007）从产业分类的角度出发，将旅游产业分为三大类，分别是旅游产业是一个多产业的集合体、旅游产业是第三产业、旅游产业是一个复杂的系统。曹国新（2007）从旅游者的角度出发，认为旅游产业是为了游客的一系列旅游活动而开展的产品与服务的综合体。综合以上学者对旅游产业的定义，本书认为旅游产业是一个涵盖面广、涉及范围多、包含吃住游行购等并为游客提供一系列服务的复杂综合体产业。

二、产业集聚与旅游产业集聚

（一）产业集聚

产业集聚是指具有同样产品或需要的产业在某个特定地域内高度集中，且能够共同使用基础设施，从而降低生产成本。由于研究的视角不同，国内外学者对产业集聚也有不同的理解，产业集聚又可理解为产业集群、产业区和产业综合体等概念，而对产业集聚的研究最早可以追溯到亚当·斯密（1997）的《国民财富的性质和原因研究》，他从劳动分工的角度出发，提出产业集聚是由众多的企业组成，在这个区域中企业众多且分工明确，在这个区域中众多企业以相互联系与合作的方式生产产品。Marshall（1920）最早从空间的角度提出了产业集聚形成的原因，此后不同的学者从不同的角度对产业集聚进行了解释。Weber（1929）从工业区位论的角度出发对产业集聚做出了新的解释，他认为产业集聚主要包括两个阶段：在第一个阶段，企业需要不断壮大和发展自身才能形成集聚优势；在第二个阶段，企业之间需要不断地加强合作以实现工业化，最后形成产业集聚优势。Porter（1990）从竞争优势的角度对产业集聚进行了深入研究，在《国家的竞争优势》（*Competitive Advantage of Nations*）一书中对产业集群给出了不同的概念，主要从竞争与合作的角度出发，认为产业集群是在一个特定地区内企业间的竞争和合作。国内学者刘少和和梁明珠（2015）对产业集聚有不同的解读，认为产业集聚并不等于产业集群，产业集聚是产业集群发展的根本，它主要表现在空间上的集中，产业集聚能够体现出产业在空间集聚的过程中表现出的成本降低以及规模经济，从而产生出集聚经济效应。本书在借鉴相关学者研究成果的基础上将产业集聚定义为某一个产业的相关企业在特定的区域内的高度集中，相关生产要素在空间上不断汇聚，能产生一定的集聚效应。

（二）旅游产业集聚

旅游产业集聚是指将旅游资源因素作为核心吸引力，以旅游价值链为纽带，将旅游活动发生的过程作为主线，并且将它们之间有紧密联系（互补性和关联性）的产业及有关产业和支持部门作为一个整体，以一个旅游消费市场为中心，在一个特定的地域内进行的动态活动过程。Montfort（2000）在 Porter 提出的产业集聚理论的基础上认为，旅游产业集聚是结合住宿、餐饮、娱乐等多种服务的一个复杂综合系统，通过这个复杂的系统，游客能够丰富自己的旅行经历，同时也能够促进这个系统中各企业之间的多元化发展，通过各企业之间的正式与非正式的形式促进这个区域内各企业之间在资源与利益上的共享，从而提高整个区域的竞争力。Donald（2003）从竞争和产业链的角度出发对旅游产业集聚给出了不同的解释，认为旅游产业是存在产业链的，在旅游产业链上各企业之间是为了增强市场竞争力而开展相互合作所组织的一系列旅游活动和服务。在此基础上，国内学者马晓龙和卢春花（2014）提出，旅游产业集聚是将旅游价值链作为核心纽带，依托载体旅游市场和各大平台，通过旅游景区和服务这两大核心，在共享消费市场的驱动下在某一个区域内不断集中的过程。本书在借鉴国内外学者研究成果的基础上认为，旅游产业集聚是指旅游相关的行业凭借核心吸引物，围绕旅游消费形成的旅游产业群和上下游产业链，再通过分工与合作形成相关行业在空间上的集中，产生旅游产业集聚区，进而获得规模效应和旅游产业集聚效应。

三、经济增长与旅游经济增长

（一）经济增长

衡量一个国家或地区经济是否繁荣的一个重要指标是经济增长情况。经济增长在研究某一地区社会经济发展水平方面有着举足轻重的作用，借此，经济增长研究始终是学术界关注的焦点。萨缪尔森（Samuelson，2012）对经济增长进行了一些研究，在《经济学》一书中认为，经济增长是“一国总产出跨时期增长，通常用一国的实际GDP（或潜在GDP）的年增长率来衡量”。刘易斯（1983）也认为，经济增长是某个国家或者地区在一段时间内实现的物资资料的增长。我国学者邵琳（2014）对经济增长做了一定的研究，指出经济增长是某个国家或地区人均国民收入的增加。从现有研究可以看出，对经济增长的研究有很多，不同的学者对经济增长给出了不同的见解，本书在借鉴相关学者研究成果的基础上，将经济增长定义为人均GDP的增长。

（二）旅游经济增长

旅游业涉及的领域有很多，所涉及的行业也有很多，因此在对旅游经济增长进行研究时，就必须对旅游经济增长进行多角度的分析和掌握。从经济学的观点来看，旅游经济的增长是由于资源禀赋、区域的发展差异、地区的基础设施建设和产业结构等的不同而导致的旅游产业价值的增加。黄东明（2019）在对湖南旅游经济增长的研究中将旅游经济增长定义为人均旅游收入的增加。生延超等

（2014）提到，旅游经济增长是区域旅游经济发展质量和水平的一个重要标志。方叶林等（2018）在对旅游经济增长的研究中指出，可以用 GDP 密度、人均 GDP、人均第三产业总产值等指标表示经济增长。在参考相关学者对旅游经济增长研究成果的基础上，本书将旅游经济增长界定为一个国家或地区人均旅游收入的增加。

第二节 理论基础

一、产业集聚理论

产业集聚是指当同一种产业不断发展且不断聚集并形成一种高度集中的产业时，所呈现的状态主要是要素的不断汇聚。早在 19 世纪就出现了对产业集聚的关注与研究，最早关注产业集聚的是亚当·斯密，但当时还未形成一套完整的体系，后来，Marshall 在 1890 年开始注意到了产业集聚，随后进行了深入的探究，并且结合产业结构“一业为主”这个特点对“内部经济”和“外部经济”的定义进行了阐释。Marshall 的观点是：在一个特定的空间内，一个行业内的公司数量越多，对该行业所需的要素越有利；与此同时，在这一空间内，生产要素的数量越多，对全行业的生产成本也就越有利，这个空间中的企业就更具有竞争优势。同时，Marshall 认为，造成产业集聚的原因主要有三个：一是在产业集聚区内存在劳动力等生产要素的共享，且劳动力这种生产要素能够自由地流动；二是在集聚区内各企业之间能够相互交流与往来，企业之间的联系更加密切，同时能够促进知识的溢出和各企业之间的交流学习；三是集聚区的知识溢出能够给集聚区外围的企业带来技术的进步，能够从整体上促进这个行业的发展。但是，Marshall 的产业集聚理论并未将动态性考虑在内，因此 Young（1928）探究了产业集聚的动态外部性，主要考虑了两个方面的因素：一是在经济增长中劳动分工和市场规模的重要性；二是考虑了时间因素的作用，因此将研究深入动态分析的过程。之后逐渐形成了 MAR 外部性、Jacobs 外部性和 Porter 外部性三种动态的正向外部性。之后是从区位角度出发，探究产业会在哪里形成集聚并解释产业集聚形成的动因，最具有代表性的是 Weber（1929）提出的工业区位论，其构建了关于运输成本的一个模型：在第一阶段，厂商会根据运输成本的最小化相应地选择生产地点；在第二阶段，则会考虑集聚经济的影响，如果考虑集聚经济后会带来更多的收益，厂商就会选择更换区位，反之则不会区位迁移。但 Weber 的工业区位论未将大城市的集聚区考虑在内，Greenhut（1960）在此基础上提出了厂商并不总是根据运输成本最小化进行区位选择，还会将所在区域的市场规模考虑在内。Hoover（1948）提出，厂商不仅需要将扩大生产、追求规模经济考虑在内，还需要将因市场距离而产生的成本、规模经济间接地依赖于地理距离等因素考虑在内。

二、经济增长理论

经济增长是经济学的一个重要概念，是指一个经济体经济总量的增加，其主要研究的问题是：有哪些因素会影响一个国家或地区的经济增长，而这些因素会怎样影响经济增长。通常从对总量生产函数的分析入手，通过分析目标国家或地区的劳动力数量、资本存量和技术水平等投入与 GDP 增长之间的关系，对经济增长的原因进行解释。经济增长是经济学家关注的焦点，其中运用最为广泛的是古典经济增长理论、新古典经济增长理论和新经济增长理论（内生经济增长理论）。对于古典经济增长理论，亚当・斯密通过分工给经济带来的影响首次较为系统地对该理论进行了论证，并提出分工在生产中具有重要作用，随着分工的运用，生产中劳动生产率将会有较大的提高，因此在生产投入中劳动所占的比率就会相应地提高，经济产出也会随着劳动生产率的提高而有所增加。在此基础上，经济学家大卫・李嘉图（1976）等进行了深入的研究，进一步丰富了该理论的含义与内容，在将分工考虑在内的同时，将土地和资本也考虑在内；到了 19 世纪中后期，索洛提出了新古典经济增长理论，这个理论模型将技术进步考虑在内，认为技术是区别于劳动、土地和资本之外的一个外生变量。具体来说，就是技术进步能够提高生产效率，从而有利于社会的变革，进而加快经济的发展，促进经济增长。再之后，熊彼特（2006）提出创新在经济增长中扮演了重要角色，创新能够推动技术进步，有利于开拓新的市场，是经济增长的新动力，能够长效推动经济的增长。对于内生经济增长理论，Lucas（1988）通过在模型中加入人力资本这一因素，并将技术进步进行内化，建立了内生经济增长模型，从而进一步完善了新古典经济增长理论，较为科学地解释了经济持续发展的动因，也为之后对经济增长的研究提供了新的思路。

第三节　旅游产业集聚对旅游经济增长的影响机制

某一产业在某个区域形成集聚后会因为各种因素之间的相互影响而产生一定的集聚效应，如会使这个产业的生产效率提高，进而产生一定的规模效应，从而可以有效地降低整个集聚区内的生产成本；同时也会带来技术的创新、技术的进步以及资源的合理配置等，由此在某个特定的区域内形成集聚经济，从而产生集聚经济效应。产业的持续扩张和发展，使有关产业的企业在地域上越来越集中，从而逐渐形成产业集聚，进而有利于这个产业在集聚区内的分工与合作，从而提高生产效率、降低生产成本。基于产业集聚和产业相关理论，本书从产业集聚的角度分析产业集聚对旅游经济增长的影响机制。当一个产业形成了产业集聚后就会产生一定的集聚效应，进而对经济增长产生一定的影响。产业集聚效应对经济增长既会产生正向的促进作用，也会产生负向的抑制作用。产业集聚主要是通过规模经济效应、溢出效应、创新效应等形成正向的外部性，从而对经济增长产生正向的促进作用。但是，也会因为集聚区内的企业恶性竞争、企业垄断等产生负向作用，从而不仅不利于集聚区经济的增长，反而会抑制经济的增长。此外，产业集聚不仅会对集聚区域内经济增长产生影响，也会对集聚区外的经济增长产生一定的影响，产业集聚会通过正向的溢出效应对集聚区外的经济增长产生积极的促进作用，而负向的溢出效应也就是产业集聚产生的虹吸效应也会抑制集聚区外的经济增长。旅游集聚区与集聚区外的产业集聚对经济增长的影响机制如图 1-1 所示。

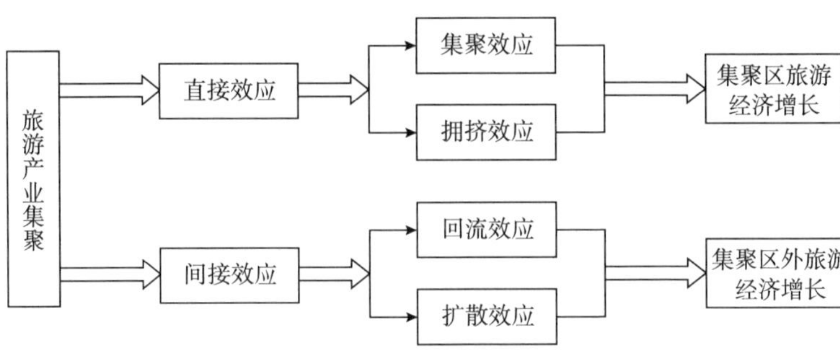

图 1-1　旅游产业集聚对旅游经济增长的影响机制

一、产业集聚对集聚区旅游及经济增长的影响机制

产业集聚产生的集聚效应主要通过企业在形成集聚过程中产生的规模经济效应、交易费用效应和创新效应共同促进相关产业在集聚区内形成集聚效应（见图1-2），从而在多种因素的相互作用下产生正向的外部性，进而能够对集聚区内产业的经济增长起到积极的促进作用。但是，当产业集聚发展到一定阶段时就会产生负向作用，会对某产业的经济增长产生抑制作用。原因在于当某一个区域内某产业的相关企业形成集聚产业后，集聚区内的优势会吸引更多的企业加入，容易导致某个集聚区的同一企业数量超过可承载的范围，从而引发不合理的市场竞争以及出现对资源的不合理竞争等问题，从而不利于市场经济的有利开展，也不利于产业的持续发展，对经济的持续增长会造成一定的影响。

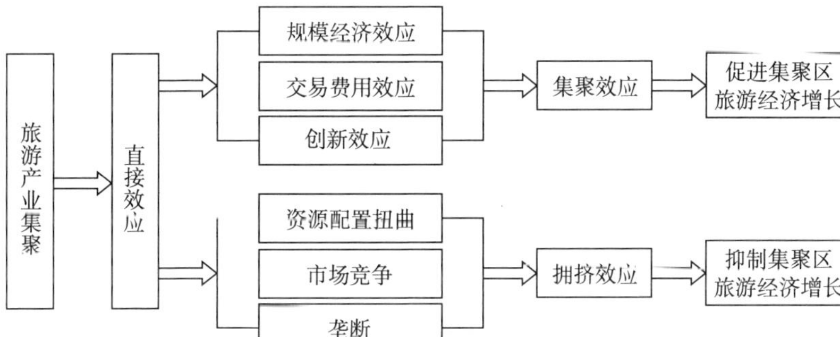

图1-2　产业集聚对集聚区旅游经济增长的影响机制

（一）集聚效应

1. 产业集聚的规模经济效应

产业在不断发展与规模不断扩大的过程中会产生一定的规模经济。规模经济是指某一产业内从事单一产品生产的企业在生产过程中不断发展，为适应企业的发展而不断地扩大生产规模，在长期中因规模的扩大不断产生规模经济，从而降低生产成本、提高生产效率。产业集聚产生的规模经济能提高企业的生产效率主要有以下几个方面的原因：一是企业在形成集聚的过程中会出现较高程度的分工，由于专业化的分工能降低产品在生产过程中加工转换的时间以及人力资本的

转换成本，从而提高产品的劳动生产率。由产品的价值规模可知，产品的价格是由价值决定的，而产品的价值又是由产品的劳动生产率决定的，当产品的劳动生产率提高时，社会必要劳动时间就降低了，产品的生产成本会相应地降低，产品在市场中就更具有竞争优势。二是在产业集聚过程中，相关企业在空间地理位置上会逐渐形成集聚，能够促进行业相关企业上下游之间的信息交流，市场信息的充分流动能够加强市场信息的公开透明，能够使企业更方便、迅速地找到成本最低的原材料、中间品以及最终的买家，将交易成本维持在一个较低的水平；信息技术的充分流通，可以让企业在任何时候都可以获得最有效的生产方式和生产方法，降低因自身技术问题导致生产效率低的概率，促进了自身技术进步和企业竞争力的提升。三是产业集聚区内各企业竞争激烈，相关企业为维持生存或提高利润，就需要不断地对产品进行创新，不断地提高生产技术以保持企业的竞争优势。

旅游业是一个高度相关的行业，它的集聚也将在一定程度上形成规模经济效应。一方面，与旅游产业相关联的企业在特定区域内的空间地理位置上会不断聚集，相应地会对旅游生产要素产生规模化需求，实现资源的共享；另一方面，相对于分散的企业生产而言，集聚区内的企业能够发挥各自的优势，能够对资源进行整合从而降低劳动力的成本、产品的运输成本以及产品的交易成本。在集聚区内由于规模经济效应会使企业的经济效益不断增加，工人的工资会相应地得到提高，工资的提高又会吸引更多的专业人才，从而能够增加产业集聚区内专业人才的数量。随着人才数量的增加，可以让集聚区内部相互之间进行知识的交流，从而推动了知识外溢，以此提升人才的质量。同时，可以通过人才质量和数量的提升，来推动企业生产效率的提升，从而呈现出一种边际收益递增的趋势。旅游产业在区域空间上的集聚能够降低旅游企业的经营成本，随着集聚区的扩大，与之有关的配套设施和基础服务将会越来越完善，大量企业集聚在一个区域内，可以加强与其关联的产业链上下游企业的交流与协作，从而使其成本进一步降低。同时，相关企业的集聚能够为消费者提供一个满足多样化需求的大市场，能够在集聚区域提供更好的产品和服务，从而进一步提高企业的市场竞争力。

2. 产业集聚的交易费用效应

交易费用效应是指某一产业的相关企业在空间上形成集聚，能够使集聚区内企业的交易成本下降，从而有利于集聚区内产业经济的增长。“交易费用”这个概念最初是由 Arrow（1965）提出的，Williamson（1967）在 Arrow 的基础上对交易费用理论进行了更进一步的分析，将交易费用分为两类：一是事前交易费用，二是事后交易费用。事前交易费用是指在企业之间进行交易前发生的费用；事后交易费用是指在交易发生后产生的费用。由于某一产业的相关企业在区域上不断聚集，能够减少企业之间的信息不对称以及交易的不确定性，同时，相关产业之间的集聚能够使产业链上的相关企业在空间上逐渐形成集中，相关企业的上下游企业也会逐渐向这个区域集中，能够加强企业之间的交流频率，增强企业之间的信任，建立起一种较为稳固的合作伙伴关系，从而能够降低因信息不对称导致的逆向选择和道德风险，降低企业之间的交易成本与交易费用。交易费用的降低对集聚区内相关产业经济增长的影响主要表现在以下几个方面：

首先是交易费用的减低有利于降低企业在市场交易过程中的违约率和市场风险；其次是产业集聚能够促进相关企业在空间地理上受到相同制度的约束，促进企业之间的合作交流，同时减少企业之间的平均交易成本，提高市场交易效率，不仅对相关产业经济增长起到促进作用，对地区经济的增长也有推动作用；再次是交易费用的降低有利于市场竞争约束机制的放宽，能够促进生产要素的合理利用以及资源配置效率的提高，降低产品的生产成本以及产品价格的合理化，进而提高区域内企业的投入产出比，促进产业的经济增长；最后是交易费用的降低能够提高专业化分工水平以及劳动力水平，进一步降低生产成本，从而提高企业的规模经济效益，从而有利于整个产业的经济增长。

3. 产业集聚的创新效应

熊彼特在创新理论中提出，产业集聚和创新是相互影响、相互补充的。产业集聚是创新形成的基础，而创新又为产业的集聚提供了环境和资源支撑。产业在形成集聚的过程中会产生创新效应，创新效应的出现，可以将相关企业吸引到产业集聚区，利用各种途径对集聚区中创新技术进行学习，并与原有的集聚区中的企业建立起竞争关系。集聚区中原有的企业和新进入的企业之间便会不断地提高自身的技术，优化企业的发展方向，企业之间的竞争会激励相关企业不断提高自身能力，提高企业产品的创新性，增强企业的市场竞争力，整个集聚区的相关产业创新水平都会得到较大的提高，集聚区内的企业比集聚区外的企业会更具有竞争优势。产业集聚的创新效应主要是通过知识、技术的传播和扩散来实现的。旅游产业的发展对创新有一定的要求，尤其是近年来游客对旅游的要求越来越高，千篇一律的旅游风格越来越不能吸引更多的游客，因此旅游产业要想长远地发展就不能局限于对旅游景区的评级上，要不断地推陈出新、与时俱进，满足游客的多样化需求。旅游产业同样可以通过学习和交流、竞争与合作不断地推动创新，从而促进旅游产业的健康持续发展。产业集聚产生的创新效应主要表现在以下几个方面：

一是在产业集聚的过程中，相关企业之间的竞争会加强，沟通和交流也会加强，企业之间会相互借鉴与学习，具有较高技术的企业与其他企业会相互模仿与学习，低技术的企业向高技术的企业学习，形成一种高技术知识外溢的现象，从而促进整个行业技术的进步。由于在集聚区内的企业之间所面对的竞争者都是具有较强技术的，想要获得较高经济收益的企业就更加需要不断地提高自身的能力，增加创新研发的投入力度与资金支持，因此技术知识的外溢不仅能够提高整个行业技术的进步，形成知识的积累，也能够带动新技术和新知识的产生，增强产业的创新活力，推动产业的持续发展，促进产业的经济增长。二是产业集聚能够促进企业之间的合作，加强企业之间的信息共享，能够形成一种合作竞争效应。从企业的角度来看，企业之间的合理竞争有利于促进创新。从某一产业下的相关性企业来看，尤其是在产业集聚区内，企业之间所提供的产品和服务存在较大的相似性，企业之间就会存在较强的竞争关系，此时的市场就接近完全竞争市场，企业的获益是相对稳定的，如果企业想要获取较高的收益，就需要不断地创新，生产出更高质量、更具特色的产品，同时旅游产业作为第三产业，更加需要提高企业的服务意识。从产业链的角度来看，分为上中下游，彼此之间既分工明确又彼此合作，为了获得更高的市场占有率以及更高的收益，上下游企业之间就需要发挥技术和相关知识的溢出效应，为市场提供更具有竞争力的产品和服务；从合作的角度来看，企业之间的竞争能够促进相关企业与其他不相关企业以及政府机构等形成合作，能够共同营造一个良好的市场环境。三是产业集聚形成的交易费用效应能够为企业的创新降低一定的成本并为企业的发展指明创新方向。在规模经济、专业化分工、信息与基础设施共享等条件下，产业集聚会使企业的生产成本有较大的下降，因此，企业可以获得更大的利润，为企业创新提供更扎实的资金支持，以降低企业的创新成本。与此同时，就产业集聚区而言，其信息收集能力与信息共享机制使产业集聚区成为庞大的信息集散基地。按照当前的市场需求状况，在那些需要非常低或者需要空白的领域中，展开有针对性、拉动式的创新，从而让市场上的各种需求得到充分的满足，而满足市场需求这一总体目标，为公司的创新活动提供可靠的发展方向。

（二）拥挤效应

在产业集聚的形成过程中，集聚效应仅仅能够对经济增长起到促进作用，也会因为拥挤效应对经济增长起到抑制作用。在产业集聚形成的初期，集聚效应会占据主导地位，能够通过规模效应、交易费用效应以及创新效应等对集聚区内的经济增长起到正向的促进作用，但是当产业集聚发展成熟后，尤其是在产业集聚形成的中后期，拥挤效应会占据主导地位，会因为集聚区内存在较多的相同企业，企业之间为获得更高的收益，会产生不正当竞争、造成资源的恶性掠夺、较大企业会对资源形成垄断，最终导致市场失灵，造成资源浪费以及资源配置扭曲，不仅不利于集聚区内经济的增长，反而会抑制经济的增长。

由于产业集聚区的优势会吸引越来越多的企业加入产业集聚区，当产业集聚区中的企业数量超过了可承载的范围时，企业之间就容易形成激烈的竞争，企业之间为了获取更多的市场份额，会盲目地打价格战，长期的价格竞争将导致供应方面的公司生产低质量的产品以节省成本，且不再对产品投入更多的资金进行研发与创新，对产品不再追求质量，而是生产市场热销产品，逐渐会出现劣币驱逐良币的现象。在市场竞争越来越激烈的情况下，企业之间的信任度越来越低，企业之间的交流会越来越少，谈判费用、中介费用等交易成本也越来越高，这些都不利于企业之间建立长期的合作关系。同时，企业之间的竞争也会造成垄断，不具备竞争优势的小企业会从市场上消失，大量的资金会被集中到行业内的少数几家大企业之中，从而产生公司讨价还价的能力下降、资源配置扭曲、生产资料浪费等问题。如果基础设施和公共服务平台无法跟上集聚发展的步伐，那么就会导致集聚区内的资源变得非常紧缺，基础设施超出了其承受的容量，管理费用会变得很高，甚至一些企业为了争夺资源会展开不正当的竞争，这对经济的发展是不利的。

二、产业集聚对外围区旅游及经济增长的影响机制

“扩散效应”和“回流效应”是由 Myrdal 在 1957 年提出的。“扩散效应”是指产业在形成集聚后会通过竞争、共享的方式将相关生产要素、技术知识、产业等扩散到相邻地区；“回流效应”是指在产业集聚区会因为产业相较于其他地方

发展较好，然后以此吸引其他相关企业到发展较好的地区，进而在这个地区进一步实现产业集聚。旅游产业集聚不仅对集聚区的旅游经济增长有影响，还影响外围区的旅游经济增长，旅游产业集聚会通过知识技术的溢出效应、生产要素的流动以及产业转移对外围区旅游经济的增长起到促进作用；也会导致外围区的劳动力以及资本等的外流而抑制外围区旅游经济的增长（见图 1-3）。

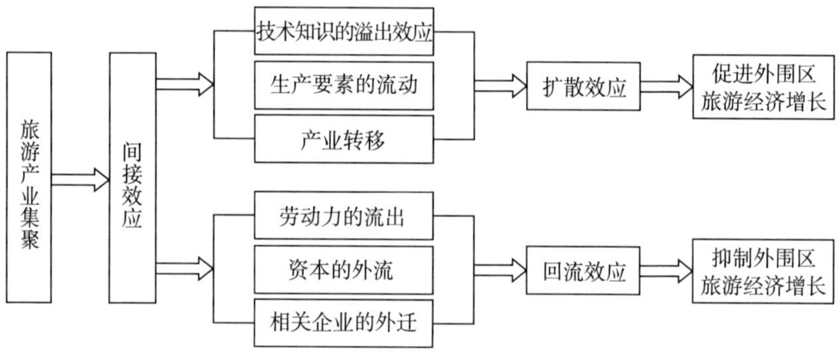

图 1-3　产业集聚对外围区旅游经济增长的影响机制

（一）扩散效应

扩散效应主要体现在旅游产业集聚会对集聚区的周边区域造成积极的空间溢出效应，能够通过技术知识的溢出效应、生产要素的流动以及产业转移对集聚区外围的旅游经济增长起到促进作用。技术知识的溢出效应主要表现在集聚区内技术和知识溢出能够提高产业集聚区周边地区的创新能力，从而推动集聚区外的旅游经济增长。因为基础设施和公共服务的不断完善与加强，促进了集聚区与外围区企业之间的合作与交流。一是集聚区外的企业可以通过学习和模仿集聚区内相关企业新的技术而提高自己的生产技术和生产效率；二是集聚区内的技术领先者，可以通过对邻近区域技术人员的技术培训、技术指导等方式，推动新技术、新知识向邻近区域扩散。

罗默（1989）指出，在某个地区，同一产业中若出现了大规模的产业集聚，将会更好地推动本地区的产业集聚，从而产生更好的技术外溢效应；雅各布斯（1969）认为，技术外溢现象不仅存在于产业内，而且存在于产业间。由于地区间的差异性与多样性，地区间的知识外部性在不同的水平上得以增强，进而在不同的水平上促进了创新与经济增长。我国学者王永明和马耀峰（2011）指出，旅游业的集聚对经济增长具有很大的外溢作用。

旅游产业集聚的溢出效应主要体现在：空间区域范围内的旅游流以旅游产业集聚区为主，向产业集聚区流动，资本空间流动也体现了这一点。在空间流动的过程中，旅游产业集聚对产品和资本都有很强的吸引力，然而，由于旅游资源具有区域不变性，且具有明显的功能组合特征，因此，旅游流必然具有一定的地理延展性，特别是当旅游产业集聚的上下游企业逐渐向外延伸时，更有可能产生旅游产业集聚的溢出效应。

生产要素的流动是指人才、信息、技术和资本等生产要素的对外流动，能够最大限度地发挥资源的最大效益，从而提高集聚区外旅游产业的创新能力以及相关企业的生产效率，对集聚区外的旅游经济增长起到促进作用。创新是一个产业的核心，产业对于创新有高需求，就要求有更高的专业人员素质，增加专业人员的流动，从而降低企业寻找人才的成本，为集聚区外的相关企业提供更加专业的人才。同样，信息、技术和资本的流动也为集聚区外的相关企业提供了更高质量和更加充足的生产要素，可为企业的进一步发展提供一定的保障，对集聚区外的经济增长也能起到一定的促进作用；产业转移主要体现为产业集聚达到一定程度后将受制于资源、政策和市场饱和等，企业在扩大生产规模以及其他因素方面需进行产业转移的，在寻找新的合适的发展区域时，拥有比较优势的邻近区域将是企业迁移的重点区域，通过产业转移能够实现集聚产业的辐射带动能力，为旅游产业的整体可持续发展以及旅游经济的增长起到促进作用。

（二）回流效应

旅游产业集聚会促进劳动力、资本等生产要素和与之相关的企业等从周边地区向集聚区流动，从而使集聚区的经济增长得到进一步提高，不可避免地对外围区产业的发展以及经济的增长造成一定的影响，集聚区与周边地区的经济差距也在不断拉大，经济差距的扩大又会使生产要素以及相关企业等流向经济发展较好的产业集聚区，导致留在外围区的相关企业被挤出市场，而集聚区中的相关企业可以在市场中占据主要地位，外围区的旅游经济增长就会受到严重阻碍。回流效应影响周边地区旅游经济增长，其主要有以下几个原因：

一是劳动力的流出。随着产业集聚的不断形成，相关企业会因为集聚效应而获得较高利益，相关企业能提供更多的就业岗位以及更高的薪资待遇，政府也会因集聚区经济的增长而获得更多的财政收入，能为劳动者提供更多、更高质量的公共产品；较高的薪资以及较好的环境促使更多的专业劳动力、优秀的专业人才从外流向产业集聚区，导致外围区人才的流失，对外围区的经济增长造成持久的影响。二是资本的外流。集聚区大量类似的企业集聚在一起，各企业之间相互协作，技术与知识互相流通，资金在集聚区的流动更有效率，使企业的利润持续增加，因此集聚区外的投资者会将资金投向集聚区内的企业，这将会使外围区资金流出，引起资源分配的严重失真，进而使外围区资金回报率和集聚区资金回报率的差异进一步扩大，从而制约外围区的旅游经济增长。三是有关企业的外迁。与非集聚区相比，旅游产业集聚区的配套设施以及公共服务平台都要更为完备，这对产业链上的中下游企业之间的协作起到了很大的帮助，从而可以减少交易成本，将更多集聚区外的有关企业转移到这里，企业外迁会造成原地区人才、技术和知识等生产要素流失，其余企业盈利能力受此影响，资金大量撤离，这就进一步造成了基础设施和公共服务平台的滞后和缺乏，从而会严重抑制外围区旅游经济的增长。

第二章　旅游经济的空间溢出效应

第一节　基本概念

一、旅游经济的定义

罗明义（2004）对旅游经济给出了自己的定义，将旅游经济定义为以商品经济为基础，以现代科学技术为支撑，体现旅游者与旅游企业因自身利益而进行的一系列经济活动。具体来说，就是旅游者在进行旅游的过程中涉及的吃、住、行、购等各项需求与相关企业所发生的各种交互活动和经济联系。张清正（2010）从效应角度提到旅游经济所产生的经济效应可以划分为不同的类型，根据生产的时间形式可以分为经济效应和滞后经济效应；根据经济价值可以划分为正向经济效应和负向经济效应。旅游经济最重要的属性就是它的商业性，也就是在从事旅游活动中能够获得的旅游收入。一个国家或地区旅游经济活动及成效和旅游经济运行状况均能通过旅游收入得到较为直接的反映。旅游经济是一个区域经济发展的重要组成部分，它是一个地区内旅游行业的提供方与需求方进行的经济交换，以实现其自身的利益，从而获得旅游收益的过程。所以，在本书中将旅游经济定义为一个可以度量一个国家或地区旅游产业发展程度的重要指标，并且可以通过旅游收入来表示。

二、旅游经济的主要特征

旅游经济是指由旅游者旅游活动引起的，旅游者同旅游企业之间、各旅游相关企业之间在经济上的联系（张祖旻，2009）。在整个旅游过程中，旅游企业为旅行者提供产品和服务，旅游者需要消费或者支付报酬，由此旅游者就和旅游企业产生了经济上的联系；同时，旅游活动可能需要不同的旅游企业和部门之间互相协作，这些企业部门间也会产生经济上的联系。以上这些经济联系便构成了旅游经济的内容，旅游经济也成为国民经济的一部分（杨一兰，2019）。旅游经济具有以下几个特点：

1. 旅游经济活动的综合性

旅游者在旅行期间的旅游活动大部分是由吃、住、行、游、购、娱等活动构成的，这些活动涉及多个企业和部门，有时还需要这些企业之间的协作配合，这就体现了旅游生产活动的综合性。旅游业的综合性显示了不同的旅游企业部门之间，不同的旅游资源之间以及旅游业与其他经济产业、行业之间，存在相互补充和相互影响的关系。

2. 旅游经济的产业关联性和空间依赖性

在旅游活动的进行中，旅游业难以独自提供游客所需的旅游品，这时需要其他产业向旅游业提供产品来满足旅游业的需求。例如，向旅游业提供手工艺品、纺织品等，或者向旅游业提供劳动力、资本等。与此同时，旅游业也会把自己相关的旅游产品和服务，提供给其他产业部门进行消费，以满足其他相关产业部门正常生产的需要（张蕾，2012）。

由此旅游产业与许多产业都有相互交叉或重叠，与国民经济中许多产业部门在产品消费上高度相关（王友明，2006）。例如，在旅游活动中至少涉及交通运输行业、住宿业、餐饮业等多种行业。旅游业的发展对这些产业形成直接或间接的刺激，使这些产业的需求增长、产出增加。因此，旅游业的发展，不仅可以直接为旅游者提供产品和服务，而且会带动其他产业的发展（沈文星，2014）。

区域旅游经济活动的发生，除通过产业关联性拉动本区域其他产业发展外，旅游消费、生产要素的流动也会使某个地区旅游经济或要素通过空间维度对其他区域旅游经济产生一定影响，这就是旅游经济的空间溢出效应。

第二节 理论基础

一、地理学第一定律

地理学第一定律指出，地理事物或属性在空间分布上互为相关，存在集聚（Clustering）、随机（Random）、规则（Regularity）分布。该定律来源于 Waldo Tobler（1970）的观点："任何事物都相关，只是相近的事物关联更紧密。"并且空间信息之间存在特殊关系：一个空间单元内的信息与其周围单元的信息有相似性，空间单元之间具有连通性，属性各阶矩的空间具有非均匀性或非静态性。

二、经济增长极与区域辐射理论

经济和产业发达的地区与不发达地区存在聚集效应与扩散效应，各生产要素从不发达区域向发达区域集聚形成增长极，不断扩大区域经济之间的差异，同时当聚集效应达到一定程度时，扩散效应或者溢出效应又使生产要素从增长极地区向外围地区流动，使区域发展差异缩小（方叶林等，2021）。所以，区域经济的发展不是孤立的，可能同时存在聚集效应与扩散效应。

经济发展中的辐射理论是指经济发展水平和现代化程度相对较高的地区与经济发展水平和现代化程度相对较低的地区进行资本、人才、市场信息等的流动。区域经济的辐射理论很好地解释了现代化和经济发展过程中各地区相互影响和要素扩散问题。

旅游业的发展也存在聚集与扩散效应，可能一开始各旅游的生产要素如旅游资本、旅游劳动力等会向旅游业相对发达的地区聚集，但当发达地区的旅游业出现饱和状态时，这些旅游生产要素又会反过来扩散到相对不发达地区，从而产生扩散效应。

第三节　旅游经济的溢出效应及其基本机制

一、旅游经济的溢出效应

格罗斯曼和赫尔普曼（2003）最早系统地提出了溢出效应，后来经济学家相继将溢出效应应用于经济学领域。例如，Mankwi（2003）对“溢出”的定义是活动的外部性，具体来说，是指一个经济主体的行为活动对其他经济主体福利的影响作用，这种作用既不用被影响方支付报酬，影响方也不会得到补偿。我国学者王俊豪和周晟佳（2021）认为，溢出是指某一经济主体的经济行为对外部的影响，造成个人成本与社会成本、私人利益与社会利益之间相偏离的现象。

旅游业的发展也会产生外部性或溢出效应，相对落后地区总是会学习先进地区的经验，模仿先进地区的发展模式，并且由于旅游业产业壁垒不显著，一个地区的旅游活动有可能影响到另一地区，如旅游者的经济活动或者本地区的资本和劳动力等生产要素向邻近地区的流动，带动邻近地区旅游经济的增长，就产生了旅游经济的空间溢出效应。

二、旅游经济溢出机制

旅游经济的溢出作用是一个包含旅游消费、旅游劳动力投入以及旅游资本投入等所有相关要素综合性的溢出效应，其主要的空间溢出机制如下：

（一）旅游经济的溢出

区域之间旅游经济活动的相互作用会引起地区间旅游经济增长的溢出。在旅游活动中，旅游者原则上可以自由流动和活动，所以游客可以在不同的地区间进行食、住、行等活动，并享受不同地区的旅游服务。旅游者旅游空间的变化以及在旅游过程中的食、住、行等产生的旅游消费存在明显的跨区域流动性，越是邻近的区域，旅游者的旅游消费流动和溢出的作用越明显，由旅游消费产生的旅游经济增长产生的溢出效应也相应地越大。如果某区域内的地区呈现空间相邻分布，其旅游经济的溢出作用机制如图 2-1 所示。

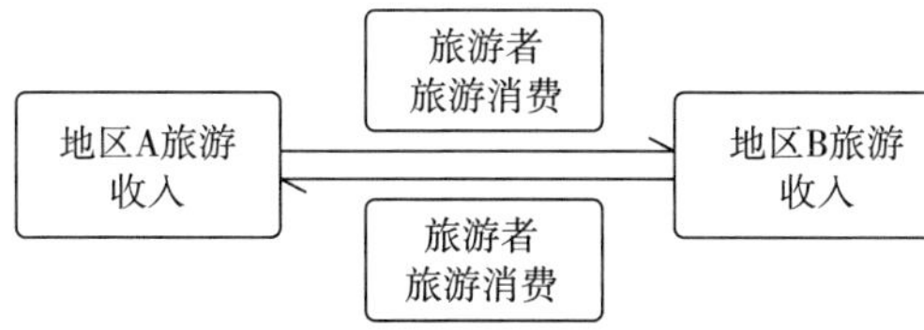

图 2-1 旅游经济的溢出作用机制

（二）旅游经济要素的溢出

旅游要素会在区域间进行流动，在区域经济的集聚和扩散过程中，一方面要素的扩散产生正面的溢出效应，形成“多中心”的均衡发展局面；另一方面要素的集聚产生负溢出效应——虹吸效应，形成“核心—边缘”的城市发展格局，其溢出效果及溢出机制如图 2-2、图 2-3 所示。

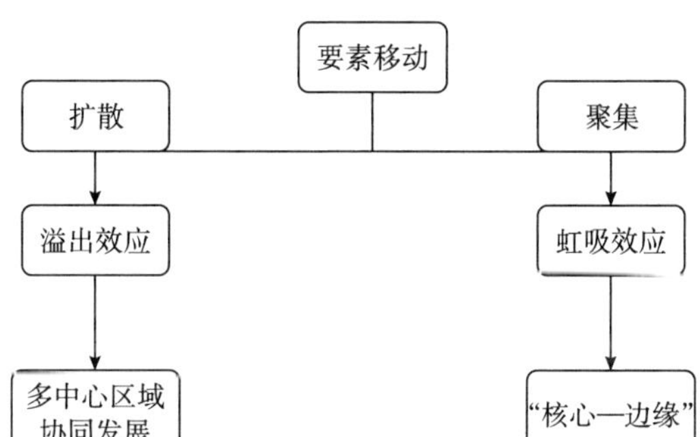

图 2-2 旅游要素溢出效果

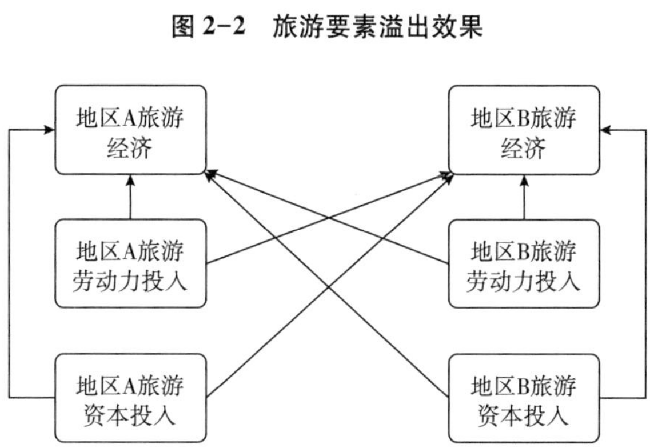

图 2-3 旅游要素溢出机制

由图 2-2、图 2-3 可知，旅游要素在影响本地区域旅游经济增长的同时存在一定的外部性，会对区域外旅游经济的增长产生影响。例如，旅游资本、劳动力各因素一方面对区域本身旅游经济发展的影响，另一方面通过扩散效应和聚集效应使中心地区要素向周边地区扩散，或者周边各要素向中心发达地区聚集，从而本地要素会对邻近省份的旅游经济发展产生影响。

区域间旅游经济溢出途径有多种形态，可通过区域间的贸易往来、资金转移、人口迁移、知识传播、技术扩散等方式实现。这个过程中要素在产生溢出作用的同时，还作为旅游经济的溢出渠道推动了区域间的旅游经济的溢出。区域旅游要素流动溢出与区域旅游经济溢出及增长相互促进，关系密不可分。

三、旅游经济溢出效应的度量方法

（一）检验旅游经济的空间关联性

方叶林等（2021）通过对长三角城市群的旅游经济的全局相关性指数进行检验表明，旅游经济存在较强的空间相关性，于是引入空间效应来度量长三角城市群旅游经济的溢出效应。李想等（2021）通过对成渝地区旅游经济的空间关联性研究得出，成渝地区旅游经济可能存在溢出效应。借鉴以往学者的研究及做法，为了准确度量旅游经济溢出效应，必须对旅游经济的空间相关性进行检验。

（二）空间计量检验旅游经济及其要素的溢出效应

李想等（2021、2014）研究表明，区域旅游经济的发展不仅存在区域维度之间的空间相关性，也存在时间维度的相关性，这种时空协同相关性需要采用空间面板数据模型进行研究。这种做法现已有比较成熟的应用，如吴玉鸣（2014）基于空间面板计量经济学模型，引入因变量（旅游收入）的空间滞后项以及自变量（如劳动、资本、交通运输等）的空间滞后项来研究旅游经济的空间溢出效应；李莹莹（2021）通过空间计量模型，不仅分析了沿海地区旅游消费的空间溢出效应，而且研究了旅游相关要素与沿海地区旅游消费空间溢出的关系。

第三章　文化资本与区域经济增长

第一节　基本概念

一、文化资本的概念

在对“文化资本”进行界定时，有必要厘清文化资本的前世今生。Bourdieu（1986）首次系统化地提出了文化资本这个功能性概念，他认为文化资本是一种标志社会身份的价值积累，并将文化资本分为身体化、客观化以及制度化三种形态，此后在社会学领域引起了学术界的广泛关注。这一社会学概念由 Throsby（1999）引入经济学领域，他认为文化资本的价值积累会促使商品、服务在社会中流通，表现出一定的经济价值，形成具有文化价值和经济价值双重属性的商品。随后，国内外学者对 Throsby 的概念内涵进行了拓展和丰富，如梁君（2012）认为，文化资本具有资本的部分性质；James 和 Coleman（1988）从文化与资本交互的角度进行定义，认为只要能促进人类社会发展的文化因素就可以称为文化资本。表明文化因素能够使生产活动更加合理化，已日益成为一种独立的生产要素，潜移默化地影响着制度安排、技术进步和资本利用率。随着学者们对经济发展的深入研究，对于资本的认识不断深化，文化资本的内涵也处于不断完善、发展中，但是学者们对文化资本的理解也存在一定的分歧。根据收集到的文化资本的相关经济学领域文献，对文化资本的不同定义具有代表性的观点如表 3-1 所示。

表 3-1 经济学领域文化资本定义

学者	文化资本的定义
Bourdieu（1986）	身体化的文化资本，是人类劳动成果的积累，表现在人的能力、语言风格、行为方式、教育素质、品位、生活等方面，是文化能力、文化产品、文化习性、文化制度等文化资源的总和
Throsby（1999）	文化资本是以资产的形式表现出来的文化价值的积累，这种积累可能转而影响货物和服务，随着时间的推移使商品既有文化价值又有经济价值
高波、张志鹏（2004）	文化资本是人们习得的能够为其未来带来收益的特定价值观体系
李沛新（2006）	用于文化商品生产的赋予文化意义的自然风光、建筑等固体的文化资本；通过个体思维创造出来并依附于图书、绘画、电影等的文化符号资源；内含于个体精神与身体的思想、理论、意识、观念等文化资源
陈珏、何伦志（2007）	文化资本是以财富的形式具体表现出来的文化价值的积累，这种积累引起物品和服务的不断流动，形成了本身具有文化价值和经济价值的商品
金相郁、武鹏（2009）	文化资本是以财富的形式具体表现出来的，作为人类劳动成果的文化价值的积累，是包括文化能力、文化产品、文化制度在内的文化资源的总和
王云等（2013）	从文化经济学视角把文化价值积累而形成的财富看作文化资本，包括版权、技术、商誉或品牌等无形资产构成的创意资本、版权资本和品牌资本
周建新、刘宇（2019）	文化资本是以财富形式表现的，是文化能力、文化产品、文化制度等文化资源的总和

通过对学术界现有的文化资本概念的相关研究文献进行回顾和总结发现，Bourdieu（1986）和 Throsby（1999）的观点被普遍接受，James 和 Coleman（1988）的概念由于覆盖范围过于宽泛，外延很难界定。国内对文化资本的相关研究较晚，王云等（2013）侧重于文化资本中无形的部分，不够全面，金相郁、武鹏（2009）的指标体系包括具体的和精神的两个方面，相对比较全面。可以看出，对文化资本的内涵界定主要有两大类：一类是无形的方面，认为文化资本是观念和思维方式等；另一类是有形的方面，认为文化资本最终带来财富的增加。综合学者们的观点，本书认为，文化资本是指包括有形和无形两个方面人类劳动成果的文化价值积累，是影响经济增长的核心生产要素。

二、文化资本的分类

文化资本的内涵丰富，不同的学者对其理解的侧重点不同，因此分类也不尽相同。Bourdieu（1986）在《资本的形式》（*The Forms of Captital*）一书中对文化资本进行了划分，他认为文化资本有具体化、客观化和制度化三种形态，具体化文化资本是教育、习俗和经验等内化在人身体上形成的才能和禀性；客观化文化资本是物化后成为文化商品，如图书、绘画、工具和物质文化遗产等；制度化文化资本是指获得的社会认可的学历、学位和证书等。Throsby 把文化资本分为两大类，其中，有形文化资本是指被赋予的文化意义艺术品、服饰、场所和建筑等；无形的文化资本主要是精神方面的产物，包括人们的思想、习性和价值观念等。王云等（2013）将文化资本分为创意资本、品牌资本和版权资本。金相郁、武鹏（2009）借鉴国内外学者的研究，将文化资本划分为固体文化资本、产品文化资本、身体文化资本、制度文化资本四类。李娟伟（2014）则从动态和静态的角度对文化资本进行了区分。本书将学术界对文化资本的分类情况进行了整理，如图 3-1 所示。

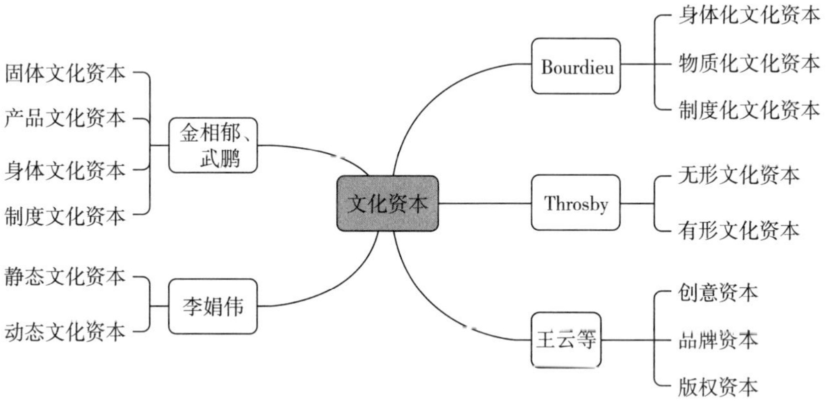

图 3-1 文化资本的分类

通过对文化资本的分类可以发现，Bourdieu 的划分缺少实体的文化资本；Throsby 的划分过于笼统；王云等的划分侧重于文化创意类的文化资本；李娟伟从静态和动态两个方面对文化资本进行区分，不够全面；金相郁、武鹏的观点较为全面，将文化资本划分为四部分。本书结合上文对 Bourdieu、Throsby、金相郁和武鹏等的理论分析，认为文化资本包括有形的文化资本和无形的文化资本。

有形的文化资本既包括独特的地理特征、人类劳动文化价值的积累，可以进行资源的开发，发挥其文化价值，又包括现代社会中经过人类思维创造出来的具有商品属性的文化符号资源，可用于新的文化产品的生产等。无形的文化资本主要是指通过家庭的代际传承和学校、社会的后天影响，以人为载体，表现出的知识、技能、教养、品位、感性以及思维方式等文化资本（朱伟珏，2007）。

第二节　理论基础

一、区域经济非均衡发展理论

由于文化、资源、位置和政策等因素的不同，区域经济发展水平存在差异。1950年，Perroux在《经济空间：理论的应用》一书中首次提出了增长极理论，该理论的主要观点是经济增长先通过空间中的某一些点发展，这些点被称为增长极，然后以增长极为中心对周围区域形成一定的极化和扩散的效应，促使整个区域的发展。Myrdal提出的循环累积因果原理认为，市场的力量会倾向于扩大区域之间的差异，凭借初始优势的发达地区获得超前发展而建立一定的优势，再通过其自身的循环累积过程使这一优势得到加强，从而加剧了区域之间的不平衡。Rvernon（1996）的区域经济梯度转移理论认为，区域经济发展出现差异化而形成了核心区与边缘区，在存在经济梯度的情况下，利用发达地区的优势，借助其扩散效应缩小区域间的差异。区域经济非均衡发展理论的核心内容是资源禀赋优势地区率先发展，形成核心经济区带动后发展地区，最终达到区域经济共同发展，这也是非均衡发展理论提出的共同发展理念。

二、文化资本再生产理论

Bourdieu的文化资本再生产理论强调，文化可以通过资本化从而得到积累并进行代际传递，这一再生产路径把具体的人和社会制度、社会活动密切地联系起来。在目前已有研究中，文化资本通常有两种再生产途径：文化资本代际间的传递和文化资源的资本化运作（王韵迪，2018）。文化通过各种方式运作所形成的文化资本都可以通过各种商品和服务进入市场的经济活动中，进而带来新的文化价值和经济价值（王云等，2013），其中一部分可以进行文化的再生产，继续通过文化的资本化运作创造价值，保证其延续性。文化资本再生产的意义不仅可以保护当地的特色文化资源、打造传统文化品牌、提高文化利用效率，也能使其变成地域符号通过文化产业和旅游产业的发展进行传承，还在于会唤醒本地区人民的文化自觉，自发地对文化加以保护、传承和再生产，通过市场化运作变简单、机械的文化复制为具有创新活力的文化延伸（张志亮，2009），文化资本正是通过这一系列流动直接对国民经济产生重要影响。

第三节　文化资本对区域经济影响机制分析

一、文化资本对区域经济的直接影响

现代经济发展的实践表明，文化、知识等精神性要素已经取代了单纯的物质性生产要素，成为创造财富的主要因素。物质性生产要素不再是经济增长的唯一指标，人们不再局限于物质性生产要素的生产和积累，而是越来越注重精神性要素的储蓄和投资，精神性要素的生产成为经济增长的关键。罗斯托（2001）在《经济增长的阶段——非共产党宣言》一书中提出了经济增长阶段理论，不同的发展阶段展现出不同的特点，在经济发展的初始阶段，主要需求是物质方面的，在生产力得到极大解放、经济起飞时，国民收入普遍提高，国民更加注重精神层面的需求，与文化相关联的旅游、文化创意、个性化需求等逐渐成为消费的主要部分，消费结构的改变使经济增长方式也发生了巨大转变。因此，在经济研究中，将文化资本纳入资本要素，文化资本是人类劳动成果的文化价值积累。一方面，文化资本的形成过程，可以对文化资源进行优化配置，从而进入社会再生产过程发挥作用，产生效益，形成价值。另一方面，在社会生产中，某一类具有物质和文化双重属性的文化资本作为生产资料，直接进入社会的生产、流通和消费过程，产生巨大的经济效益。例如，品牌、版权的边际成本低、规模报酬高等特点，使其在交易或扩大化生产过程中可以直接产生经济价值。

文化资本可以划分为有形的文化资本和无形的文化资本，从有形的文化资本的视角来看，文化资本通过文化资本投资、文化资本积累直接促进文化产业发展，在改变传统产品的观念价值的同时，能够培育出新兴的产品与市场，创造出更多的社会财富，成为经济增长的新动力，进而促进区域经济增长；从无形的文化资本的视角来看，经济进入高质量发展阶段，社会发展阶段的矛盾转变为对美好生活的需要，人们更加注重在精神层面的需求和个人的个性化发展，如对文学艺术的追求、对体育娱乐的爱好等，日益成为推动经济发展的主要动力。另外，

文化资本还能通过对人们观念的影响改变人们对消费的态度，而具有无形的文化资本的个体是文化消费的主体，无疑会创造出巨大的文化需求，从而对文化产生深刻的影响。综合分析来看，文化资本以及有形的文化资本和无形的文化资本均可以促进经济的增长。因此，本书提出以下的文化资本假设：

H1：文化资本能够促进区域经济增长。

H2：有形的文化资本能够促进区域经济增长。

H3：无形的文化资本能够促进区域经济增长。

二、文化资本对区域经济的间接影响

（一）文化资本、产业结构高级化与经济增长

1. 文化资本会对产业结构高级化产生一定的影响

产业结构高级化是产业结构由劳动密集型转向资本技术密集型、低附加值转向高附加价值，从而实现第一产业逐渐向第二、第三产业占优势地位演进。文化资本是人类劳动成果的文化价值累积，具有文化和经济双重属性，其经济价值主要通过物质产品的生产和精神产品的流通实现。在文化资本经济价值实现的过程中，文化资本会通过文化生产和文化消费促进产业结构优化升级：

首先，在文化生产方面，有形的文化资本包括文化藏品、文化机构、文化产业、文化商品、文化就业五个方面。文化藏品是有形的文化资源，是物质文化遗产经过积淀后积累下来的，背后蕴含着无穷的文化价值，文化资源资本化就是对文化遗产资源进行保护和开发，依靠各类文化机构，进行文化展示和服务供给，通过商业化运作，发挥其经济效益和社会效益，提供这些产品和服务的行业基本上属于第三产业。也就是说，文化生产会促进投资转向第三产业，提高第三产业在产业结构中所占的比例，实现产业结构的优化升级，促进第三产业乃至整个经济的繁荣和发展。

其次，在文化消费方面，文化资本作为人们文化价值判断和文化消费理念的集合，无论是地区先天拥有的自然文化资源还是后天形成的文化产品和文化制度，都能在很大程度上左右人们的消费意愿，文化消费的发展必然会对产业结构的调整产生作用。一方面，文化消费的发展促进消费结构不断升级，依据经济学原理，消费结构的改变将对产业结构产生诱导效应，进而会促进资源由需求少的产业部门向需求多的产业部门转移。另一方面，消费需求的增加会使文化产品和

服务的价格上升，生产者的利润增加，生产者会加大对相应产业的投资，新的消费需求也会诱导新产业的兴起；总的来讲，文化消费的发展能够使投资相应的转向第三产业，进而发挥投资对经济增长的拉动作用，提高第三产业在产业结构中所占的比例，实现产业结构的优化升级。

2. 产业结构高级化能够显著影响经济增长

产业结构高级化主要从两个方面促进区域经济增长：一方面，通过调整资源配置对经济发展产生影响。在产业结构理论中，配第—克拉克定理表明，随着国民经济的逐步发展，劳动力首先由第一产业向第二产业转移，然后向第三产业转移。经济发展水平较低的地区会因为产业集聚效应和城镇化水平的提高而加快经济发展速度。产业结构高级化意味着较多的生产要素向第三产业流动，提高生产要素配置合理性、推动生产组织方式以及社会生产结构的优化，进而促进经济的长期增长。另一方面，产业结构高级化通过联动效应促进经济的增长，早期学者赫希曼的不平衡增长理论提出，投资有发展前景的产业带动其他产业进步，最终促进经济的整体发展。孙巍和徐邵军（2021）也得出了类似的观点，不同产业间存在联动效应，优质产业利用有限的资本资源率先发展起来，进而经由连锁效应推动其他产业的进步发展，使各产业相互协调发展、共同进步，进而带动整体经济的发展。此外，在产业结构高级化进程中，资源高消耗型企业在产业结构中的比重不断降低，对环境造成的压力与破坏也随之减轻。数字文化、文化创意等新兴产业作为产业发展的主力军，能够有效地缓解环境压力与减少能源浪费，更有利于经济增长走可持续发展之路，有助于维持经济增长的长久与稳定。

通过上述对文化资本、产业结构高级化、区域经济增长之间关系的分析发现，文化资本对区域的产业结构高级化和经济增长都会产生一定的影响，同时，产业结构高级化又会对区域经济增长产生影响，研究推测产业结构高级化在文化资本推动区域经济增长过程中具有中介效应。因此，提出以下假设：

H4：文化资本能够通过对产业结构高级化的影响，进而促进区域经济增长，即存在“文化资本—产业结构高级化—区域经济增长”的传导机制（见图 3-2）。

（二）文化资本、全要素生产率与经济增长

1. 文化资本对全要素生产率的影响

文化资本在现代经济的发展中所占的比重越来越大，文化资本所包含的要素，主要通过技术创新和制度创新两个方面提高全要素生产率。在 Lucas 的经济

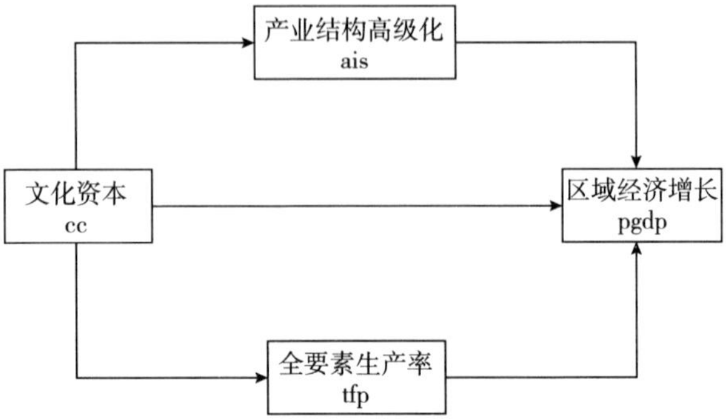

图 3-2　文化资本影响区域经济增长的机制

增长模型中，知识资本和人力资本作为文化资本中的一部分，具有显著的溢出效应，能够显著地提高社会的技术水平和劳动生产率。在经济社会中，对教育培训的消费、对艺术品的消费以及对文化娱乐的消费是知识和人力资本扩散和传播的重要媒介，加快其溢出速度，促进整个社会的知识积累和技术传播，推动技术创新和进步，提高全要素生产率。文化资本通过影响人力资本积累、经济主体行为等培育企业家精神，企业家内生的创新行为融入劳动和资本等生产要素中，创新产品，影响企业的经营理念乃至行业的发展方向，不断激励企业管理者进行技术创新，降低生产经营成本，推动企业发展，提高全要素生产率。制度创新是制度转变和发展的过程，通过制度的创新，使社会发展以及生产生活运作的效率达到最大化。任何制度都拥有其体制内涵与文化内涵，价值观、习俗和知识技能等一系列无形的文化资本对于制度的创新及社会经济体制的变革具有内在的影响。文化资本意味着这些具有文化意义的概念将在流通过程中发挥经济价值或社会价值，因而文化资本在文化经济体制的发展过程中也发挥着关键作用。此外，在文化资本中价值观念一致的情况下，更容易达成交易一致，节约交易成本，使经济效率不断提高。

2. 全要素生产率对区域经济增长的影响

随着经济社会的不断发展，劳动和资本投入增速总体上呈下降趋势，经济增长将更多地依靠科技创新、产业升级、劳动力素质上升等途径，提高全要素生产率是经济高质量发展的关键因素。樊纲（2016）认为，创新引领是未来经济增长的重要因素之一。经济的发展关键是提高全要素生产率，包括技术效率、技术进步和配置效率，只有推进制度变革及技术创新来提升全要素生产率，才能实现对经济增长的动能转换。王小鲁等（2009）认为，中国经济增长方式正在发生改变，资本投入仍对经济增长有重要作用，但对劳动数量增长的简单依赖，正被人力资本要素所替代，长期来看，全要素生产率呈增长趋势，对经济增长的影响逐渐增大。

通过对文化资本、全要素生产率、区域经济增长之间关系的研究发现，文化资本对全要素生产率和区域的经济增长都会产生一定的影响，同时，全要素生产率会对区域经济增长产生影响，研究推测全要素生产率在文化资本推动区域经济增长过程中具有中介效应。因此，提出以下假设：

H5：文化资本能够通过对全要素生产率的影响，进而促进区域经济增长，即存在“文化资本—全要素生产率—区域经济增长”的传导机制（见图 3-2）。

本章通过对文化资本影响区域经济增长的分析，主要关注以下三个问题：第一，文化资本直接促进经济增长；第二，文化资本可能通过“文化资本—产业结构高级化—区域经济增长”的机制促进经济增长；第三，文化资本可能通过“文化资本—全要素生产率—区域经济增长”的机制促进经济增长。

第四章　文化产业赋能乡村振兴

第一节　基本概念

一、文化产业

文化产业（Culture Industry）已有很长的历史，产业和工业在英文表达中都是 Industry，因此“文化产业”又叫“文化工业”。1947 年，“文化工业”（Culture Industry）这一概念首次出现在《启蒙的辩证法》一书中，该书中的文化工业主要是指理论与意识形态层面上的文化产业。当代的文化产业概念与先前的文化工业概念发生了很大的变化，其内涵和外延不断延伸，是一个总括性的、综合性的与经济实践密切相关的概念。20 世纪 80 年代，英国开始使用文化产业概念，并将发展体育休闲产业、旅游观光业等行业上升到国家战略层面。狭义的文化产业在过去主要是指文化部门管理的那一部分文化。广义的文化产业是一个总体性概念，在美国叫版权产业，在澳大利亚叫内容产业，在英国叫创意产业。本书中的文化产业采用《文化及相关产业分类（2018）》中的定义，即为社会公众提供文化产品和文化相关产品的生产活动的集合。

二、乡村振兴

2017 年，党的十九大报告首次提出实施乡村振兴战略，并提出了“二十字”方针①总要求，乡村振兴战略的“二十字”方针是对新农村建设“二十字”方针②的

① 乡村振兴战略的“二十字”方针是指“产业兴旺、生态宜居、乡风文明、治理有效、生活富裕”。
② 新农村建设“二十字”方针指“生产发展、生活宽裕、乡风文明、村容整洁、管理民主”。

转型升级，其中涵盖了产业、生态、文化、组织等多重内涵。乡村振兴战略实施的主要目标是要实现产业、人才、文化、生态以及组织五大方面的振兴。总要求和总目标包含了不同视角的不同维度，是一个相互联系、相辅相成的有机整体，其内容的各个方面相互影响、缺一不可。

三、赋能

从词源来看，“赋能”一词起源于西方，英文表述为“Empowerment”，意指“授权”“赋权”。在不同的研究领域中，“赋能”的含义也有所不同，主要包括三个方面：一是管理学中的“授权赋能”，是指权力下放；二是心理学中的“心理赋能”，是指个体层面自我效能感提升和组织层面的工作动机激发；三是以数字技术为依托的“技术赋能”，是指运用大数据、人工智能、互联网等技术推动各行各业提质增效（杜威漩，2022）。尽管“赋能”一词在不同的研究领域中意指不同，但其内涵都是指增能。本书中的文化产业赋能主要是指运用创意设计、演出产业、音乐产业、美术产业、手工艺、数字文化、特色文化产业、文旅融合等文化产业新业态来为乡村振兴的发展增能，从生产、生活、生态和特色产业发展的角度，结合乡村文化资源创造性转化与文化产业发展的路径考虑，发挥文化产业交叉性和渗透性，促进乡村产业结构优化升级，改善人居环境，加强乡土文化保护传承，提高乡村组织凝聚力，丰富村民的物质生活和精神生活。

第二节　理论基础

一、多元治理理论

多元治理理论由埃莉诺·奥斯特罗姆（Elinor Ostrom）与文森特·奥斯特罗姆（Vincent Ostrom）夫妇共同创立。该理论主张治理主体的多元协同作用，认为公共事务的管理和公共产品的提供可以由政府、市场、企业、第三部门、公民等多元主体共同参与，该理论打破了传统上由政府或市场单一主导的局面，坚持民主共治，有利于保护公民利益及解决由政府单一管理造成的治理困境，在实施文化产业赋能乡村振兴工程中，发挥政府、文化企业、村民等多元主体的作用具有指导意义。

二、马克思主义民族文化资源产业化理论

马克思的系列作品都强调了文化作为一种生产力的重要意义（陈赞晓，2007）。在《1844年经济学哲学手稿》中，他写道：“宗教、家庭、国家、法、道德、科学、艺术等，都不过是生产的一些特殊的方式，并且受生产的普遍规律的支配。”而依据马克思主义关于社会生产力的观点，马克思主义实质上把社会生产力归结为物质生产力、精神生产力和人自身生产力三种类型（陈冬雪，2017）。马克思在《哲学的贫困》中，把人类文明成果称为“已获得的生产力”。马克思认为，文化是一种生产力，也是一种大规模的社会生产，民族文化资源作为一种精神方面的生产力，有其独特的生产方式，并且受到各种条件的制约（马晓芹，2008）。可以看出，马克思主义认为，文化作为一种生产力对社会发展具有巨大的推动作用，进行乡村文化产业发展具有巨大的理论价值和指导意义。

三、文化经济学理论

作为一门交叉性较强的新兴学科，文化经济学是以文化经济活动中的微观、中观和宏观文化经济行为及其关系为研究对象，从经济学视角研究文化的生产、流通、分配和消费等环节的运行机制与运作规律的社会科学（陈柏福，2016）。大卫·索斯比将文化资本确定为经济学框架内除实物资本、人力资本与自然资本之外的第四种资本，不仅具有经济价值，还具有文化价值（李树等，2020）。胡惠林（2014）在《文化经济学》一书中指出，所谓文化经济，是指以交易的方式和方法进行文化生产，促进文化消费，增加文化流通，改变社会财富的形成、来源和结构，实现人的自由发展和人类社会文明进步的一种社会文化现象和文明行为系统。文化经济学理论对于指导乡村特色文化生产、消费，提高乡村文化产品和产业的市场化水平具有重要的意义。

四、乡村建设理论

20世纪二三十年代，以梁漱溟为代表的知识分子开展乡村建设理论研究与实践探索（吕甜甜，2020），《乡村建设理论》是梁漱溟研究乡村建设的重要著作，“乡村建设，实非建设乡村，而意在整个中国社会之建设”，梁漱溟将乡村

建设提到建国的高度认识，主张从中国传统文化出发，通过文化改造来解决农村问题（黄群，2009）。20 世纪三四十年代，费孝通着眼于中国乡村社会结构和国民性格，创造性地提出了“熟人社会”“礼治秩序”“差序格局”理念，简单、深刻地描述了农村生存环境。梁漱溟和费孝通的乡村建设理论对于文化产业赋能乡村振兴工作的推进具有重要的借鉴与启示意义。

五、可持续发展理论

可持续发展理论产生于环境恶化、生态退化等全球性生态危机背景下，是涵盖“自然、经济、社会”复杂系统的发展理论体系。其核心理念是在维持自然生态环境安全的基础上，促进经济社会可持续发展。在经济可持续发展方面，是指建立集约型经济增长模式，减少资源消耗，在不降低环境质量和不破坏自然资源的基础上实现经济发展。在生态可持续发展方面，核心内容包括坚持环境容量对人类经济总规模的限制性，坚持区域经济活动与地方生态系统协调一致的必要性，坚持经济决策中环境考虑的优先性。在社会可持续发展方面，强调改善人类生活品质，促进社会公平正义。该理论对开展文化产业赋能乡村振兴工作、乡村生态环境的保护和乡土文化资源的传承保护开发具有重要的指导意义。

第三节　文化产业赋能乡村振兴的机理

一、文化产业赋能乡村振兴的三重价值向度

（一）理论价值向度：马克思主义乡村发展的最新理论成果

马克思主义经典作家历来都十分强调“三农”在国民经济中的基础性地位，“文化产业赋能乡村振兴”继承和发展了马克思主义经典作家的乡村发展思想，是对“三农”问题的创新理论。中国共产党把马克思主义关于农业、农村和农民思想的基本原理创造性地运用于中国革命与建设的实践中，与时俱进，不断创新，确立了以农民利益为价值取向、以社会主义市场经济为导向、以乡村振兴为载体、以实现农业农村现代化为目标的有中国特色社会主义的“三农”理论。因此，2022 年中央一号文件提出启动“实施文化产业赋能乡村振兴计划”，文化产业赋能

乡村振兴以文化为基石，以赋能为方法论，以乡村为场域，构筑起乡村实现全面振兴之路，进一步继承和发展了马克思主义经典作家关于乡村发展的思想。

（二）历史价值向度：从文化赋能城市复兴到文化赋能乡村振兴的必然路径

从城市更新发展到城市复兴呼吁全面和更加包容的发展，文化策略已经成为当今城市生存的关键。文化所具备的多元属性，使其成为城市更新历史发展中的必然选择，这是城市发展的自然规律。文化赋能对城市发展的作用集中体现在精神引领、资本再造、人才育成、文明进阶四个方面。总体来看，文化产业不仅创新了工业空间的经济价值，还为其增添了文化价值，既活化了空间，又保护和传承了空间的历史渊源和文化脉络。

同样地，从开展“新农村建设”到提出“乡村建设行动”再到“共同富裕”，文化产业工作从“助力脱贫攻坚”到“赋能乡村振兴”，这既是文化产业工作融入国家发展大局的历史经验，也是迈向乡村全面振兴的必然选择。

（三）实践价值向度：实现共同富裕和建设宜居宜业和美乡村的现实需要

实践的需要是理论生成的前提。以“文化产业赋能乡村振兴”生成的实践逻辑作为历史逻辑的延续和理论逻辑的具体体现，与新时代推进“三农”工作、实现中华民族伟大复兴紧密相连。我国人多地少的资源禀赋、农耕文明的历史底蕴、人与自然和谐共生的时代要求共同构筑了“文化产业赋能乡村振兴”生成的现实基础。作为“三农”工作的重要抓手，“文化产业赋能乡村振兴”不仅为“三农”工作锚定了时代方位和奋斗坐标，而且为中国共产党带领中国人民“以中国式现代化推进中华民族伟大复兴”提供了强大的精神动力。

“文化产业赋能乡村振兴”是建设宜居宜业和美乡村的现实需要。党的二十大报告提出建设宜居宜业和美乡村，从美丽乡村到宜居宜业和美乡村，是对乡村建设内涵和目标的进一步丰富和拓展，突出强调乡村建设既要塑形也要铸魂，既要抓物质文明也要抓精神文明，实现乡村由表及里、形神兼顾的全面提升。建设宜居宜业和美乡村，是乡村振兴总要求的进一步体现，同时也是全面建设社会主义现代化国家的重要内容。文化产业既具有文化的精神属性，又具有产业的经济属性，以文化产业赋能乡村振兴，建设宜居宜业和美乡村，这是乡村建设过程中的必然规律，也是农业农村发展新的历史方位。

“文化产业赋能乡村振兴”是促进共同富裕的现实需要。乡村全面振兴以共同富裕为目标指引和落脚点，是实现共同富裕的底线任务。“共同富裕是全体人民共同富裕，是人民群众物质生活和精神生活都富裕”。在推进物质生活共同富裕的过程中，如果忽视精神生活的富足，就会陷入物质主义“见物不见人”的泥沼，违背共同富裕与人的自由全面发展相统一的主旨。而文化产业所具有的意识形态属性和经济属性对于既丰富农牧民群体的“脑袋”和又丰富农牧民群体的“口袋”具有重要的作用，可见，“文化产业赋能乡村振兴计划”对于促进共同富裕大有作为。

二、文化产业赋能乡村振兴的分析框架

乡村振兴包含产业振兴、人才振兴、文化振兴、生态振兴、组织振兴五大目标，从五大目标的关系来看，五大目标是一个相互联系、相辅相成的有机整体，共同促进乡村振兴。基于乡村振兴五大目标，从文化产业赋能乡村振兴的运行机理看，产业兴旺、生态宜居、乡风文明、治理有效、生活富裕是文化产业赋能乡村振兴的必要载体，从系统论来分析，文化产业系统具有资源、资本、技术、人才、市场、环境、管理、制度等要素，各要素相互作用形成并推动数字文化产业、文旅融合产业等各类文化业态发展。然后发挥文化产业各业态的经济效益、社会效益、生态效益、文化效益、政治效益来赋能五大目标，以此最终赋能乡村振兴（见图4 1）。

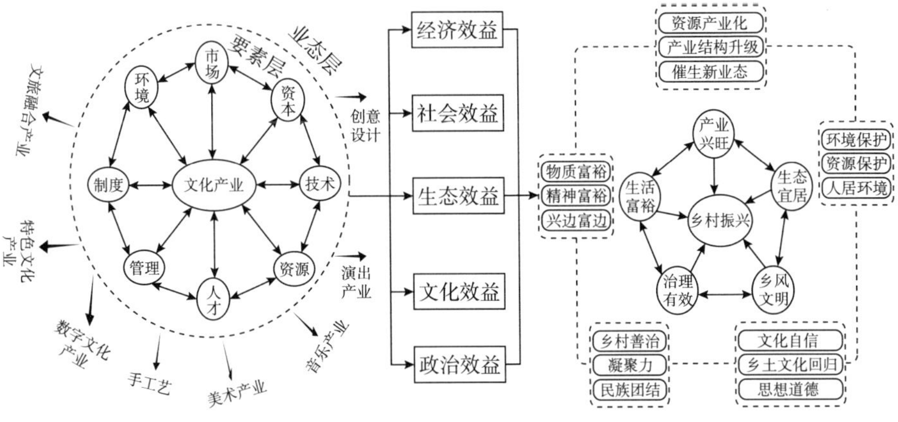

图 4-1　文化产业赋能乡村振兴的逻辑机理

（一）文化产业赋能产业兴旺

文化产业作为强关联、高渗透性、融合性产业，可以衍生出重要的经济效益。文化产业赋能产业兴旺的关键路径是促进文化资源的产品化和产业化发展，并通过文化人才、创意、科技等要素将不同产业连带一体形成价值链条，升级产业结构，形成文化品牌，产生长尾经济效应。总之，文化产业的经济效益主要体现在资源产业化、产业结构的优化升级和新业态的催生。

第一，文化资源产业化。基于乡村的文化资源和持续发展的潜力，将文化资源和乡村发展有机结合起来，以文化资源为基础，以乡村发展为目标，把文化资源转化为乡村发展的动力，让乡村文化资源成为乡村发展的支撑。通过开发乡村特色文化优势产业，保护传承发展乡村文化遗产，提升乡村社会经济发展水平，改善乡村生活质量，厚植乡村文化根脉，让村民记得住“乡愁”，看得见远方，实现乡村持续发展。

第二，促进产业结构优化升级。现代经济增长理论认为除技术创新外，文化创意等思想性的智力成果也能够驱动产业结构升级。文化产业覆盖美术、音乐和演出等领域，通过文化元素的赋值效应促进传统产业与现代产业的相互合作，有助于促进消费升级，推动第一产业结构优化升级，提升第二、第三产业文化内涵和价值增值。在数字经济时代，数字文化产业为乡村经济提供了的新活力，数字文化产品在乡村文化产业中创新发展，可以促进文化要素和技术要素的有效结合，实现乡村文化价值和经济价值的有机统一，数字技术的发展进一步推动了文化 IP 的渗透性和凝聚力，通过产业要素整合增效、产业链条延伸重构、产业空间集聚发展、产业利益共生联结等方式实现乡村产业融合发展。

第三，催生新的业态。文化产业以科技为载体与乡村其他产业融合有利于催生新的业态。首先，通过运用数字技术，可以实现乡村文化资源的数字化，拉动文化内容创新，促进乡土文化的保护传承和传播，通过市场化手段，进一步实现乡村文化资源资产化，将资源优势转化为产业优势，创造更加丰富多样的产品和服务，不断培育新的市场需求，延长文化产业链，创造新的价值。其次，科技和文化各要素的深度融合，特别是互联网技术、AR 技术、信息技术、人工智能技术等与乡村文化资源、旅游产业等相互渗透，使生产、流通、消费及其产业链各个环节不断革新完善，促进乡村产业内部衍生整合，丰富乡村旅游的内容体系，扩展文化产业的服务边界和品牌效应，实现乡村产业跨领域、创新发展，升级产业结构，促进乡村产业形态发生变迁，从而催生出新业态。

（二）文化产业赋能生态宜居

文化产业作为文化与经济交融的集中体现，科技含量高，资源消耗低，环境污染少，具有很强的生态效益，文化产业投资促进人力资本不断由低附加值、低技术含量产业流向高附加值、高技术含量产业，实现文化生态效应。在我国着力创建国家生态文明高地的背景下，文化产业赋能生态宜居主要体现在加强环境保护、促进资源保护传承开发和改善人居环境三个方面。

第一，加强环境保护。文化产业作为绿色低碳产业，具有节约自然资源、保护生态环境的生态功能。文化产业多以无形的文化资源为生产原料，其核心竞争力主要来源于创意和科技等要素，不同于传统产业以损耗物质资源为前提的生产方式，文化产业具有再生性，在避免进一步破坏资源和环境的同时有利于形成内在增长机制。

第二，促进资源保护传承开发。文化资源是一种可再生的精神财富。文化产业化发展实质是文化资源实现价值转化的过程。以产业生态化和生态产业化理论为指导，一方面，运用数字技术促进乡村文化产业融合发展，发挥文化产业的生态效益，实现绿色增产，达到“既要金山银山，也要绿水青山”的目的。另一方面，挖掘乡村特色文化资源，运用市场化手段，促进资源转化，达到“将绿水青山变为金山银山”的目的。

第三，改善人居环境。文化产业不仅具有经济溢出功能，更具有文化特质的生态价值，这些文化特质为生态环境保护的非正式制度与正式制度提供了理论支撑，因此可以促使村容美化、庭院绿化、水源净化、厕所革命等政策得到有序落实，唤醒村民的生态意识、生态道德，提升乡村文化生态主体的文化自觉，改善乡村人居环境。

（三）文化产业赋能乡风文明

所谓乡风，就是基于农村地区独特的自然条件、社会文化而形成的一种行为模式或者行为规范的总和。文化产业赋能乡村振兴的根本意义在于它的文化效益，即以文化产业为助手，繁荣兴盛农村文化，改善农民精神风貌，促进乡村文化自觉与自信，增强当地居民对本地文化的认同感，不断提高乡村社会文明程度，焕发乡村文明新气象。

第一，促进乡土文化回归。乡土文化回归是提高乡风文明水平、实现乡村振兴战略的关键举措。梁漱溟曾说："中国文化以乡村为本，以乡村为重，中国文化的根在乡村。"① 在建设文明乡村的进程中，乡土文化回归具有重要的意义。广大乡村民众唯有认同乡村土生土长的文化，方能积极传承并创新生于斯长于斯的优秀传统文化，并努力将其汇聚到乡风文明的建设之中，彰显出文化的精神支撑力。

第二，提高乡村居民文化自信。文化自信是更基础、更广泛、更深厚的自信，是一个国家、一个民族发展中更基本、更深沉、更持久的力量。提高乡村居民文化自信并实现乡村文化振兴，是中国乡村振兴的另一个重要目标。提高乡村居民文化自信的一个有效途径是通过开发当地丰富的文化元素，实现本地文化价值化，在带动本地经济发展和村民增收过程中提高农牧民群体的认同感。接触理论认为，增加接触率有利于提高认同感，因此，通过带动乡村居民参与文化产业等各业态生产，有利于提高乡村居民的文化自信。

第三，提高农牧民思想道德。乡村文化产业集文化效益与经济效益于一体，其提供的文化产品与服务虽是物质性的，却可以引导乡村民众文化价值观的形成。通过开展群众喜闻乐见的文化活动，并融入社会主义核心价值观和中华民族传统美德等要素，让群众在参与中提升思想道德水平。

（四）文化产业赋能治理有效

乡村治理有效是乡村振兴战略总要求的重要组成部分，也是国家治理体系和治理能力现代化的内在要求。乡村治理有效说明对治理主体、治理决策、实施执行与治理效果有较高的要求。结合我国着力创建全国民族团结进步模范区的目标，文化产业所具有的意识形态属性对治理有效的赋能作用主要表现在促进乡村善治、提升组织凝聚力、加强民族团结三个方面。

第一，促进乡村善治。善治是人类社会治理趋势，"善"在政治哲学中的物质表现是公益，"善"的精神表现则是美德。一般来说，"善"的公共精神和善治的原则会被有德之人遵守和践行。因此，维护和实现乡村社会的良性秩序，需要德治的支撑；实现乡村的善治，需要重建乡村社会的道德和文化基础，对乡村社会中产生的各种不良社会风气从思想这一根本层面加以有效治理。

第二，提升组织凝聚力。农村文化产业发展更依赖于当地文化传统和居民参与，文化产业的群众参与性有助于农村组织振兴。一般来说，工农业生产对劳动

---

① 黄群．梁漱溟乡村建设理论及现代意义［J］．贵州社会科学，2009（7）：133-136.

力的体力要求较高，发展这类产业并不利于妇女等弱势群体的就业和收入增加，加剧了群体间的收入不平等；而文化产业属于轻体力、重技能的劳动行业，发展文化产业有利于帮助乡村弱势群体自立和实现乡村共同发展，文化产业对弱势群体的帮扶作用有利于提高乡村组织的凝聚力和参与集体活动的积极性。

第三，加强民族团结。文化认同是民族团结之根、民族和睦之魂。非物质文化遗产等文化产业承载着所属民族的文化基因、精神特质，其中的风俗、礼仪、禁忌等对人的行为具有规范和引导作用，有利于促进社会稳定，维护社会风尚，有效地促进多民族文化的交流与发展，对铸牢中华民族共同体意识具有重要价值。

（五）文化产业赋能生活富裕

生活富裕反映了广大农民群众日益增长的美好生活需要，生活富裕不仅指物质生活富裕，也指精神生活富足。一方面，村民物质生活富裕是精神生活富裕的基础，正所谓“仓廪实而知礼节，衣食足而知荣辱”。另一方面，精神生活富裕的实现程度也会反作用于村民物质生活富裕的实现。

第一，物质生活富裕。文化产业具有经济属性，如果它实现了“在地化”，那么就能够在促进地区的经济发展与农民增收两个方面发挥作用。文化资本是以财富的形式表现出来的文化价值的积累，文化产业蕴含着巨大的文化张力和经济价值，它在拉动经济增长、促进消费升级等方面展现出极高的社会价值，文化产业为乡村经济的振兴提供新动力。文化资本再生产化，依托特色乡村文化资源，因地制宜发展乡村经济，将传统文化与现代农业、民俗文化与旅游产业、传统艺术与创意产业相结合，打造乡村特色品牌，促进乡村经济发展和农民就业增收。

第二，精神生活富裕。精神生活富裕是指在物质生活富裕的基础上，村民不断选择、追求、创造精神资源以满足日益增长的精神文化需要，并在高质量发展中实现人的全面发展的精神活动与精神富足状态。体现为村民健康向上、积极进取的精神状态，科学和谐的价值观念，自觉坚定的理想信念，良好的道德品行和社会风尚，丰富的文化娱乐生活等，也表现为村民个体的较好心理状态和较高的幸福指数，优质丰富的精神文化产品和服务的供给可以丰富村民的精神生活。

第三，兴边富民。首先，发挥文化产业的文化效益，以铸牢中华民族共同体意识为价值导向，大力发展边境地区的文化建设和教育事业，促进民族团结和边防巩固；其次，发挥文化产业的经济效益，发展边境地区的特色优势文化产业，加大边境贸易和旅游业等，以产业带动经济发展，带动边境地区增收增产。

第五章　西部地区旅游产业集聚对旅游经济增长的实证分析

第一节　西部地区旅游产业与旅游经济增长的现状

一、旅游产业发展现状

西部地区是我国旅游资源相对较为富集的地区，旅游资源总量约占全国的40%（刘少和等，2018）。西部大开发战略实施以来，西部地区的公共基础设施建设特别是旅游设施建设不断完善，有利于西部地区旅游产业持续稳定发展。近年来，西部地区旅游产业发展迅猛，旅游业已逐渐成为西部地区的重要产业，对促进西部地区经济增长以及人均收入具有重要作用。同时，发展旅游业对促进生态环境保护和地方优秀传统文化的宣传具有积极的带动作用。鉴于数据的可获得性以及数据的统一性，下面将选取西部各省份 2010～2020 年旅游接待人数、旅行社数量、A 级景点数作为衡量旅游业发展现状的指标，相关数据均来自与各省份的统计年鉴和《中国旅游统计年鉴》《中国文化文物和旅游统计年鉴》《中国统计年鉴》。

（一）旅游接待人数

从图 5-1 可以看出，2010～2019 年西部 12 个省份的旅游接待人数都呈上升的趋势，其中旅游接待人数包括国内旅游人数和入境旅游人数，说明西部地区旅游产业近十年来呈现出较好的发展趋势，越来越多的国内外旅游者会选择到西部地区旅游。但是，从图 5-1 中可以看出，西部各省份旅游产业的发展依然存在差距，大致上呈三个梯队：在 2017 年之前，旅游接待人数最多的是四川，属于第一梯队，第二梯队则是重庆、贵州、广西、陕西、云南，第三梯队是甘肃、新疆、内蒙古、西藏、青海，第三梯队的旅游接待人数相对较少，且旅游接待人数增长速度较为缓慢。在2017年之后，贵州的旅游接待人数快速增长，在西部12个省份中旅游接待人数最多，2019年，旅游接待人数达到了113373万，是旅游接待人数最少的宁夏（4011万人）的27倍，说明区域之间旅游产业的发展存在一定的差距。2019~2020年，旅游接待人数出现了下降，从图5-1中可以看出，第一梯队和第二梯队的省份变化最大，第三梯队的省份旅游接待人数变化相对较小。除2020年的旅游接待人数外，西部地区旅游接待人数呈逐年增长的趋势，旅游产业正在向好的方向发展。

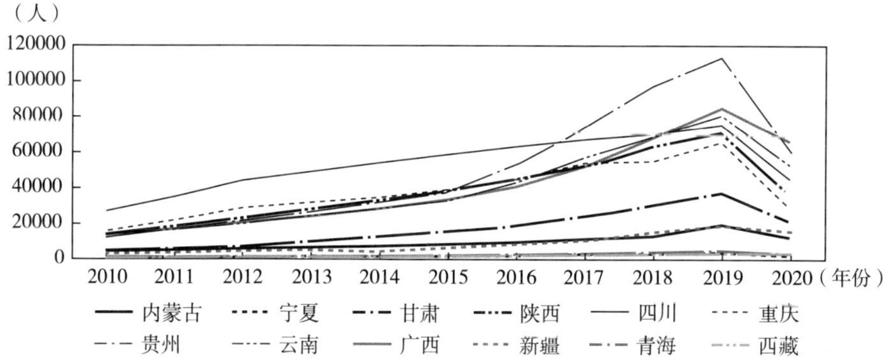

图5-1　2010~2020年西部各省份旅游接待人数

（二）旅行社个数

从图5-2可以看出，西部各省份的旅行社数量在2016年之前增长较为平缓，各省份的旅行社数量变化相对较小，虽然各省份旅行社数量的增长较为平缓，但整体来看，都是呈向上增长的趋势。各省份旅行社数量在2016年之后开始出现了较为快速的增长，其中四川的旅行社数量增长最快，由2016年的485家增长到2020年的1336家；变化最小的是宁夏，旅行社数量由2010年的86家增长到2020年的173家，宁夏也是西部12个省份中旅行社数量最少的，与旅行社数量最多的省份四川相差了1163家。虽然各省份的旅行社数量差距不大，但可以看出，西部各省之间旅游业的发展是存在差距的，尤其是宁夏，相对其他省份旅游产业的发展相对滞后，无论是旅游接待人数还是旅行社数量都是西部 12 个省份中均较少，可能是因为宁夏的旅游资源相对其他省份相对较少，导致宁夏在西部 12 个省份中旅游业发展相对受阻。

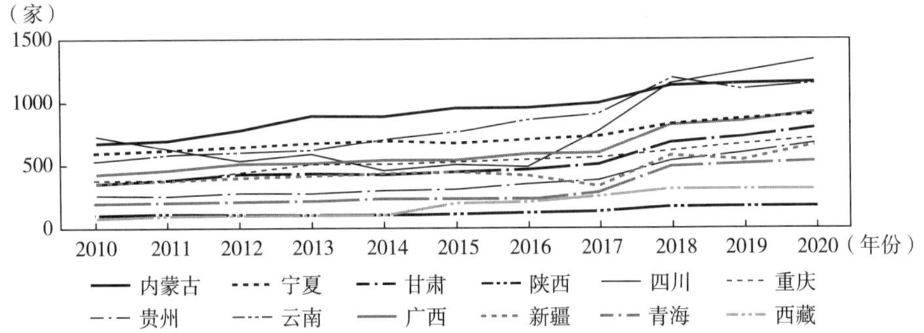

图 5-2　2010~2020 年西部各省份旅行社数量

（三）A 级景点数

从图 5-3 中可以看出，西部地区 A 级景点个数逐年增加，西部地区在 2010 年 A 级景点共 1260 个，到 2020 年，A 级旅游景点数量增长到 4625 个，A 级景点的开发与数量上的增加为西部旅游业的发展奠定了基础，相应地促进了西部地区旅游业总体发展。从图 5-3 中还可以看出，四川的 A 级旅游景点数量最多，因此四川的旅行社数量也是最多的，促进了四川旅游收入的增加；相反，宁夏的 A 级旅游景点最少，导致宁夏旅游产业的发展相比其他省份较弱，在一定程度上不利于宁夏的旅游产业发展，旅游资源的不均衡造成了西部地区各省份旅游产业发展的差距以及旅游经济增长的差距。

二、旅游经济增长现状

2010 年以来，西部地区依靠自身丰富的旅游资源以及西部大开发战略等相关政策的支持，旅游业快速发展，旅游经济出现了快速增长，为西部各省份的总产值做出了较大的贡献，逐渐成为西部地区经济增长的新引擎。下面根据西部各省份统计年鉴关于旅游收入的数据以及旅游收入占各省份 GDP 的比重绘制出趋势变化图以及比重图（见图 5-4、图 5-5）。

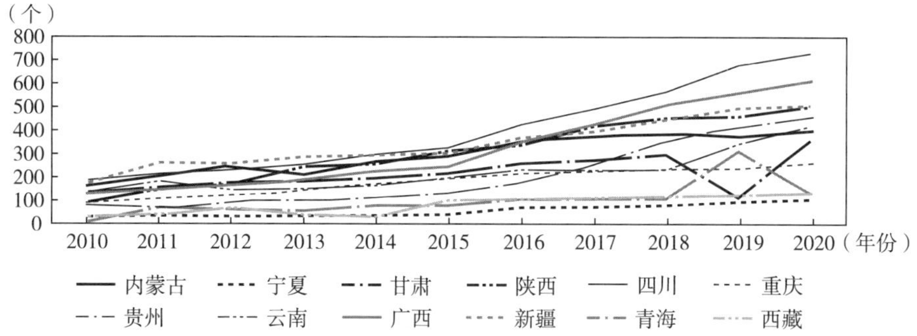

图 5-3　2010~2020 年西部各省份 A 级景点数量

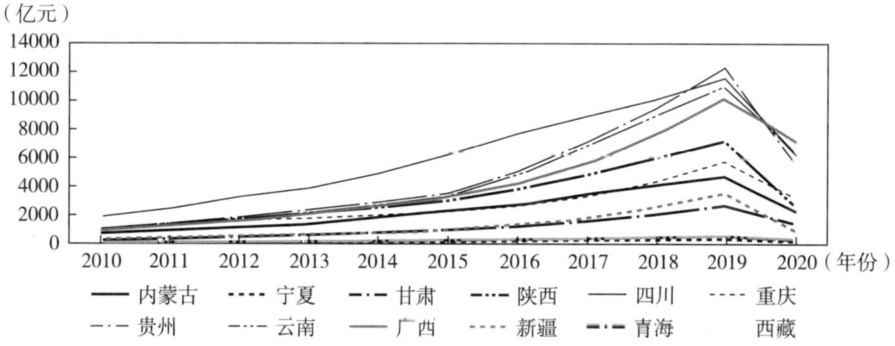

图 5-4　2010~2020 年西部各省份旅游收入变化趋势

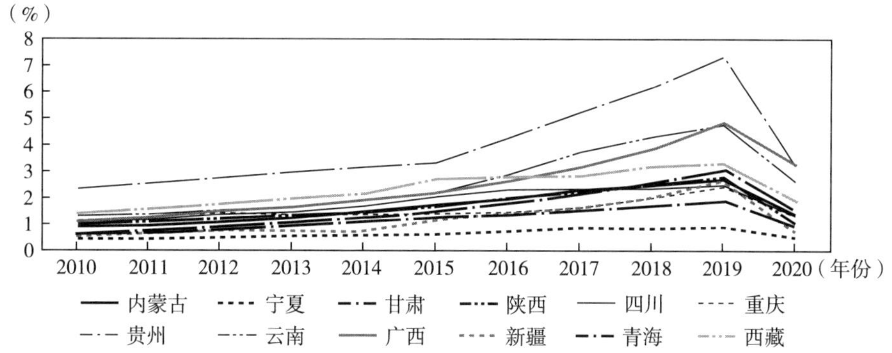

图 5-5　2010~2020 年西部各省份旅游收入占 GDP 比重

从图 5-4 中可以看出，西部各省份的旅游收入自 2010 年以来出现了较大的增长，除 2020 年受到全国疫情的冲击导致各省的旅游收入均有所下降外，其他年份的旅游收入都有所增加，尤其是 2015～2019 年西部各省份的旅游收入出现了较快的增长，其中增长较快的省份是贵州，2019 年的旅游收入为 12318.86 亿元；旅游收入增长较慢的省份是宁夏和西藏，并且可以看出，在 2010～2019 年宁夏和西藏的年旅游收入相比其他省份增长较少，在 2010 年旅游收入分别是 67.7 亿元和 71.44 亿元，到 2019 年旅游收入分别是 340.03 亿元和 559.28 亿元。从西部地区的总体旅游收入来看，2010 年西部 12 个省份的旅游总收入为 7560.22 亿元，2019 年旅游总收入为 65915.59 亿元，增长了近 8 倍，说明西部地区旅游经济整体上是向好的方向发展，具有很大的发展潜力，这对整个西部地区经济的增长具有正向促进作用，同时能够带动与旅游产业相关的发展以及能够促进整个社会就业，对西部地区经济社会的整体发展具有正向带动作用。

图 5-5 描述了 2010～2020 年西部各省份旅游收入占各省份生产总值的比重，从图 5-5 中可以看出，西部各省份的旅游收入占各省份生产总值的比重逐年增长，其中贵州一直是处于领先水平，且在西部 12 个省份中增速最快，说明旅游业对贵州的经济增长做出了巨大的贡献，是地区生产总值的重要组成部分，也是贵州经济增长的重要引擎；其他省份之间旅游收入占地区生产总值的比重差距较小，增速相对较为平缓，其中宁夏的旅游收入占地区生产总值最低，说明宁夏在西部 12 个省份中旅游经济增长是最少的，未来旅游产业的发展还有较大的增长空间。

第二节　西部地区旅游产业集聚的测度与分析

一、产业集聚的测度方法

参照国内外学者对产业集聚的研究，主要是从两个方面考虑产业的集聚：一是在地理位置上某一产业相关企业的一个集中，也就是一个产业在某个特定的地理区位中的专业化程度；二是同一产业不同企业之间的相关关系，也就是相关产业之间的关联度。目前，测量产业集聚并没有一个统一的方法，从目前学术界对产业集聚的研究来看，有区位熵、赫芬达尔指数和空间基尼系数等多种方法，较常用的是区位熵法。

（一）区位熵

目前对于产业集聚程度的分析，有众多国内外的学者采用的是区位熵（LQ）的方法。国外学者 Lee 和 Yhang（2007）在研究旅游产业集聚在居民收入以及就业方面的增加值以此带动旅游产业的发展时主要采用的就是区位熵的方法；Eunseong 和 Hansoo（2013）在研究美国旧金山的零售业对旅游产业集聚绩效的增加时所采用的方法也是区位熵。国内学者曹宁（2013）、王凯等（2022）都是采用区位熵的方法分别测算了沈阳市的旅游产业集聚水平、中国旅游业碳排放效率和旅游产业集聚两者的相关性以及两者空间演变趋势。区位熵主要是测算给定某一个区域，然后测算这一区域中某个产业的集中程度以及专业化程度，其公式为：

$$LQ_{ij}=\frac{e_{ij}/e_j}{E_i/E} \tag{5-1}$$

其中，LQ_{ij} 表示某个地区中某个产业的区位熵，e_{ij} 表示在 j 地区 i 产业的产值，e_j 表示 j 地区的生产总值，E_i 表示在全国 i 产业的产值，E 表示全国的生产总值。通常情况下，当 $LQ_{ij}>0$ 时，表明在 j 地区 i 产业是存在产业集聚的；当 $LQ_{ij}=0$ 时，表明该地区 i 产业不存在产业集聚，那么研究产业集聚对经济的影响是没有意义的；当 $0<LQ_{ij}<1$ 时，表明该地区 i 产业的产业集聚水平较低；相反，当 $LQ_{ij}>1$ 时，表明该地区 i 产业具有较高的产业集聚水平，集聚效果较为明显，同时也具有较高的专业化程度。

（二）赫芬达尔指数

赫芬达尔指数（HHI）最早用来测算市场垄断与市场竞争两者之间的关系，最先提出这个指数的是郝希曼，后来赫芬达尔在其基础上做了进一步的研究，提出了专门测算产业集聚度的综合性指数——赫芬达尔指数，主要用来测算某个产业中不同市场竞争主体所占的市场份额（邓永波，2017）。具体的计算公式为：

$$H=\sum_{i=1}^{n}(x_i/X)^2 \tag{5-2}$$

其中，H 表示赫芬达尔指数，n 表示地区的个数，x_i 表示 i 这个地区某一产业规模，X 表示某一产业在 n 个地区中的总规模。$1/n<H<1$，当赫芬达尔指数为 $1/n$ 时，表示某一产业在所研究的区域中是平均分布的；当 $H=1$ 时，表示某一

产业在所研究的所有区域中是集中分布在某一个地区的；从赫芬达尔指数所代表的含义可以看出，*H* 越大，所代表的产业集聚度越高。

（三）空间基尼系数

基尼系数最初是由意大利经济学家基尼在 1912 年根据洛伦茨曲线提出的，用来衡量一个国家或地区收入差距的一个指标。1991 年，克鲁格曼提出了空间基尼系数，最开始应用的领域是制造业，当时主要用于美国制造业集聚程度的测算，后来被广泛用于测算行业在区域空间上的分布程度。傅玮韡等（2022）通过空间基尼系数测算了种植业以及 9 种农作物生产在 1997~2019 年的空间分布均衡程度，研究发现，农作物的空间基尼系数越高，该农作物的生产集聚程度就越高。刘华军等（2019）采用空间基尼系数的方法分析了我国战略性新兴产业空间集聚水平，研究发现，我国战略性新兴产业在空间集聚水平上整体处于较低的水平，且分布不均衡。吴雪萍、赵果庆（2017）在计算我国各地区发展水平集聚度时，将空间自相关性考虑在内，运用空间基尼系数的方法对此进行了计算，并以此来反映我国收入水平的差距。空间基尼系数主要衡量的是某一个产业与整个产业的空间分布的匹配状况，具体公式为：

$$G = \sum (s_i - x_i)^2 \tag{5-3}$$

其中，G 为基尼系数，s_i 是 i 地区某个产业的指标（产业总产值、就业人数等）占全国该产业总指标的比重，x_i 是该地区经济指标占全国经济指标的比重。$0<G<1$，空间基尼系数越接近于 0，说明该产业的空间分布与整个产业的空间分布相匹配，产业的集聚程度就相对较低；空间基尼系数越接近于 1，说明该产业的空间分布与整个产业的空间分布不一致，其产业可能集中在一个或几个地区，即该产业集聚程度相对就越高。

二、旅游产业集聚测度与分析

根据上文提到的对产业集聚度的测算方法有区位熵、赫芬达尔指数、空间基尼系数等方法，发现这些方法都可以通过选取不同的指标测算出产业集聚程度。国内学者王凯等（2022）采用区位熵的方法测算出了 2001~2018 年我国省际旅游产业集聚度，麻学锋等（2021）采用区位熵的方法测算出了湘西地区 2002~2017 年的旅游产业集聚度，李姝姝等（2017）以我国 31 个省份为研究对象，采用区位熵的方法测算出 31 个省份 2005~2014 年的旅游产业集聚度。王兆峰和霍菲菲（2018）在其文中提到在区域经济研究中对产业集聚的研究主要采用的是区位熵，它能够衡量产业在区域间的相对集中程度，因此本书在结合相关学者的做法以及西部地区旅游产业的区域性，将选取区位熵$\left(LQ_{ij}=\frac{e_{ij}/e_j}{E_i/E}\right)$的方法来测算西部 12 个省份的旅游产业集聚度。

本书选取各省份的旅游总收入和各省份的生产总值以及全国的旅游收入和全国生产总值作为计算指标，其中，e_{ij} 代表某省份的旅游总收入，e_j 代表某省的总产值；E_i 代表全国的旅游收入，E 代表全国生产总值。以下有关数据来源于主要为各省份 2005~2021 年的统计年鉴以及《中国统计年鉴》《中国旅游统计年鉴》《中国文化文物统计年鉴》，通过区位熵计算出西部 12 个省份 2004~2020 年旅游产业集聚度的具体数值，如表 5-1 所示。

表 5-1　2004~2020 年西部 12 个省份旅游产业集聚度

地区 年份	重庆	四川	陕西	云南	贵州	广西	宁夏	甘肃	青海	西藏	新疆	内蒙古
2004	2.14	2.27	1.65	2.98	2.57	1.95	0.74	0.84	1.15	1.78	1.36	1.25
2005	2.26	2.59	2.39	3.18	3.35	2.12	0.79	0.87	1.35	2.06	1.42	1.54
2006	2.30	2.99	2.36	3.17	4.44	2.16	0.98	0.95	1.58	2.52	1.40	1.74
2007	2.39	2.97	2.29	2.84	4.65	2.10	0.93	1.12	1.68	3.64	1.51	1.95
2008	2.68	2.41	2.38	3.11	5.24	2.33	1.00	1.26	1.51	1.60	1.41	2.12
2009	2.88	2.83	2.61	3.36	5.69	2.69	1.15	1.61	1.74	3.42	1.2	2.35
2010	3.00	2.89	2.64	3.43	6.19	2.94	1.14	1.59	1.64	3.67	1.51	2.36
2011	2.69	2.5	2.34	2.94	5.48	2.67	0.94	1.49	1.45	3.42	1.45	2.02
2012	2.97	2.84	2.51	3.18	5.71	3.04	1.00	1.81	1.68	3.69	1.61	2.23
2013	2.70	2.9	2.66	3.27	5.90	3.28	1.09	2.05	1.84	3.96	1.59	2.44
2014	2.60	3.21	2.74	3.60	5.98	3.63	1.09	2.27	2.07	4.11	1.33	2.81
2015	2.31	3.37	2.77	3.62	5.49	3.63	1.03	2.45	2.03	4.46	1.81	2.87
2016	2.31	3.66	3.15	4.54	6.71	4.09	1.16	2.78	2.16	4.44	2.29	3.10
2017	2.55	3.64	3.47	5.80	8.10	4.86	1.34	3.33	2.40	4.35	2.53	3.57
2018	3.09	3.62	3.85	6.62	9.48	5.97	1.29	3.91	2.61	4.87	3.10	3.82

续表

地区 年份	重庆	四川	陕西	云南	贵州	广西	宁夏	甘肃	青海	西藏	新疆	内蒙古
2019	3.64	3.74	4.18	7.11	10.99	7.21	1.36	4.60	2.85	4.93	4.00	4.04
2020	5.98	6.07	4.81	11.94	14.66	14.87	2.28	7.33	4.35	8.72	3.25	6.31
均值	2.85	3.21	2.87	4.39	6.51	4.09	1.14	2.37	2.01	3.86	1.93	2.74
年平均增长率	0.078	0.075	0.075	0.104	0.123	0.155	0.086	0.153	0.095	0.160	0.069	0.115

通过区位熵的方法计算出了西部12个省份2004~2020年旅游产业的集聚度，从以上结果可以看出，西部12个省份的旅游产业集聚度相对较高，集聚效果较为明显，说明西部12个省份旅游产业已经形成了旅游产业集群，发展旅游业存在一定的优势。西部12个省份旅游产业集聚发展过程具体特征如下：

从整体上看，西部12个省份的旅游产业发展态势较好，通过区位熵测算出的产业集聚程度相对较高，整体上具有较大的提升。2004年，$LQ>1$ 的省份有10个；2012年，西部12个省份的 LQ 值都超过1，且在之后的每年中区位熵都大于1，说明在2012年之后，西部各省份都达到了相对较高的产业集聚程度。从2004~2020年总体增速来看，甘肃旅游产业集聚度增长最快，2004年，甘肃的旅游产业集聚度为0.84，$LQ<1$ 集聚水平较低，到2020年旅游产业集聚水平为7.33，增长了7.726倍，说明在2020年时具有较高的产业集聚水平；其次是广西的旅游产业集聚度由2004年的1.95增长到2020年的14.87，增长了6.625倍，同样说明在2020年时达到了较高的旅游产业集聚水平。从区位熵的均值可以看出，西部12个省份的 $LQ>1$，其中区位熵均值较大的省份有云南（4.39）和贵州（6.51），较小的有宁夏（1.14）和新疆（1.93）。再结合年均增长率来看，2004年旅游产业集聚度较高且年均增长率也较高的省份有云南（0.104）和贵州（0.123）；2004年，旅游产业集聚度较高但年均增长率较小的省有陕西（0.075）和四川（0.075）；2004年，旅游产业集聚度较小但年均增长率较高的省份有甘肃（0.153）、内蒙古（0.115）、西藏（0.160）；2004年，旅游产业集聚度较小且年均增长率较小的省份有新疆（0.069）。最后，从测算出的区位熵结果可以看出，各个省份的旅游收入在地区生产总值中具有较高的比重，且与全国的旅游收入占全国的生产总值相比也具有较高的比重。一方面，说明旅游业产值为地区生产总值做出了较大的贡献，是地区经济增长中的支柱性产业，在整个地区社会经济发展中具有重要的地位；另一方面，与全国相比，西部地区发展旅游产业具有相对的优势，如可以依托西部大开发战略背景下国家的支持，可以利用自身丰富的旅游资源等为西部地区发展旅游产业提供良好的条件，从而带动整个西部地区社会经济的发展。

第三节　西部地区旅游经济增长水平的测度与分析

在衡量一个地区经济增长水平时，可以从其地区生产总值看出，同样，衡量一个地区旅游经济增长水平时，旅游收入可以作为其衡量的重要指标。通过借鉴国内相关学者刘佳和赵金金（2013）、王新越和卢雪静（2020）、谢露露和王雨佳（2018）以及结合西部地区旅游产业的发展状况，本书采用人均旅游收入作为衡量区域旅游经济增长水平的替代指标，并列出了 2005 年、2010 年、2015 年、2019 年、2020 年的人均旅游收入，具体如表 5-2 所示。

表 5-2　西部 12 个省份人均旅游收入　　单位：元

区域	2005 年	2010 年	2015 年	2019 年	2020 年
	人均旅游收入	人均旅游收入	人均旅游收入	人均旅游收入	人均旅游收入
重庆	1075. 13	3175. 35	7328. 94	18003. 01	10308. 73
四川	878. 69	2344. 43	7577. 48	13883. 75	7764. 90
陕西	956. 64	2634. 54	7815. 91	18286. 00	6992. 54
云南	966. 51	2188. 00	7037. 94	23409. 42	13716. 65
贵州	637. 29	3050. 39	9473. 62	32013. 67	14995. 05
广西	659. 23	2067. 03	6764. 08	20556. 80	14480. 04
宁夏	298. 36	1069. 53	2359. 70	4742. 84	2761. 29
甘肃	245. 55	925. 78	3751. 47	10124. 67	5679. 16
青海	478. 65	1260. 05	4212. 60	9229. 71	4878. 46
西藏	690. 39	2379. 59	8533. 47	15502. 83	10044. 07
新疆	690. 17	1402. 98	4287. 22	14202. 54	3830. 58
内蒙古	865. 92	2963. 76	9248. 89	19258. 44	10013. 32

从表 5-2 可以看出，2005~2020 年西部各省份的人均旅游收入均有显著的提高，还可以看出，贵州的人均旅游收入是增长最快的，2005 年人均旅游收入为 637. 29 元，到 2019 年增长到 32013. 67 元，人均旅游收入增加了 49. 23 倍。从各省份之间的人均旅游收入差距来看，2005 年最高的人均旅游收入与最低的人均旅游收入相差 829. 58 元，到 2019 年最高与最低人均旅游收入之间相差 27270. 8 元，由此可以看出，各省份之间旅游经济增长水平的差距越来越大，出现了明显的不平衡现象。从地区范围来看，宁夏、甘肃、青海相对稳定，说明这三个省份的旅游经济增长水平一直与其他省份的旅游经济增长水平存在明显的差距；除贵州的旅游收入一直较高外，其他省份的旅游收入每年都有所变化。

第四节　西部地区旅游产业集聚对旅游经济增长的实证分析

一、空间相关性检验

新经济地理学认为经济活动不仅具有时间上的属性还包括空间活动的属性，因此在对一个区域的经济活动进行研究的时候不仅要考虑时间因素同时也要考虑空间因素对一个区域经济活动的影响。在考虑空间因素时，空间效应将是一个不得不考虑的一个问题，空间效应遵循着距离衰减的法则，即研究的两个观测点之间地理位置的距离越近就代表这两个观测点之间的关系越近，也就代表它们之间具有相关性或者相似性，两者之间会互相影响。空间计量模型是指在经典计量经济学模型的基础上，加入了空间因子，并在经典的线性回归模型中加入了空间矩阵，从而得到更准确的估计结果。在用加入空间矩阵的计量模型进行实证之前需要对模型进行空间相关性检验。本书将西部 12 个省份的旅游经济增长作为被解释变量，采用全局莫兰指数（Moran's I）对被解释变量进行空间自相关检验，即空间是否存在依赖性。通过莫兰指数的检验，当一个较高的数值靠近一个较高的数值，一个较低数值靠近一个较低的数值时，表明区域之间存在空间正相关性；当一个较大的数值被一个较小的数值包围时，表示这个区域存在空间负相关性；若数值的高低是随机的，则说明该区域不存在空间相关性。具体公式如下：

$$Global\ Moran's\ I = \frac{\sum_{i=1}^{n}\sum_{j=1}^{n} W_{ij}(x_i - \bar{x})(x_j - \bar{x})}{\left(S^2 \sum_{i=1}^{n}\sum_{j=1}^{n} W_{ij}\right)} \tag{5-4}$$

式（5-4）中，［$S^2 = \sum (x_i - \bar{x}) /n$］$n$ 表示的是研究区域的总个数，x_i 表示第 i 个研究区域的观测值，x_j 表示第 j 个研究区域的观测值，$\bar{x}$ 表示各个观测值的均值；W_{ij} 表示区域 i 和区域 j 的权重；S 代表所有区域观测值空间权重的总和。*Moran's I* 的取值范围为［-1，1］，当 $0<Moran's\ I\leqslant 1$ 时，代表研究区域的经济要素之间存在正相关关系，且指数值越大代表的正相关性越强；相反，当 $-1\leqslant Moran's\ I<0$ 时，代表研究区域的经济要素之间存在负相关关系，且指数值越小代表的负相关性越强；当 $Moran's\ I=0$ 时，代表各研究区域之间不存在相关性关系，变量值分布不存在任何规律，呈现出随机分布的状态。

空间权重矩阵主要包括基于邻接矩阵、地理距离矩阵、经济距离矩阵和经济地理空间矩阵，本书借鉴毛彦军等（2022）、梁坤丽和刘维奇（2022）、王西贝和马薇（2019）、王立平等（2010）、梁向东和阙启越（2021）、陈锋和雷楠（2022）的做法以及本书研究对象的实际情况，采用邻接矩阵、地理距离矩阵和经济地理空间矩阵对研究区域的旅游经济增长进行研究。邻接矩阵是依托观测点之间的地理距离，通过观测值之间是否存在邻近关系设立，当观测点之间存在邻近关系时，空间权重 W_{ij} 为 1；如果观察点间没有相邻性，则为 0。地理距离矩阵是以各省区经纬度为依据，求出各省份之间的空间距离，然后取其倒数，从而构成了一个反地理距离矩阵。经济地理距离矩阵是将各省份 GDP 差异的绝对数值与地理距离矩阵相乘得到的。三个空间权重具体如下：

（1）邻接矩阵。

$$W_{ij} = \begin{cases} 1，若\ i\ 省与\ j\ 省之间相邻或有公共边界 \\ 0，若\ i\ 省与\ j\ 省之间不相邻或没有公共边界 \end{cases}$$

（2）地理距离矩阵，d_{ij} 表示两个省之间的空间距离。

$$W_{ij} = \begin{cases} 1/d_{ij}，\ i\neq j \\ 0，\ i=j \end{cases}$$

（3）经济地理距离矩阵，y 表示各省份的生产总值（GDP）。

$$W_{ij}=\begin{cases}\dfrac{1}{d_{ij}}\times\dfrac{1}{|y_i-y_j|}, & i\neq j\\ 0, & i=j\end{cases}$$

利用2004~2020年西部12个省份人均旅游收入的数据（数据来源于各省份的统计年鉴以及《中国统计年鉴》《中国旅游统计年鉴》），采用邻接矩阵、地理距离矩阵和经济地理距离矩阵计算得到人均旅游收入的全域莫兰指数，具体计算结果如表5-3所示。

表5-3　2004~2020年西部12个省份旅游经济增长的莫兰指数

年份	邻接矩阵		地理距离矩阵		经济地理距离矩阵	
	Moran's I	p值	Moran's I	p值	Moran's I	p值
2004	0.010	0.274	0.053	0.011	0.463	0.000
2005	0.049	0.206	0.061	0.008	0.553	0.000
2006	0.100	0.132	0.081	0.003	0.439	0.001
2007	0.010	0.280	0.035	0.024	0.211	0.038
2008	0.143	0.093	0.037	0.025	0.508	0.000
2009	0.120	0.116	0.038	0.024	0.346	0.006
2010	0.177	0.064	0.083	0.004	0.428	0.001
2011	0.204	0.045	0.095	0.002	0.439	0.001
2012	0.212	0.041	0.097	0.002	0.448	0.001
2013	0.138	0.096	0.074	0.005	0.414	0.002
2014	0.116	0.118	0.056	0.011	0.377	0.003
2015	0.018	0.265	0.041	0.020	0.333	0.006
2016	0.098	0.133	0.067	0.006	0.387	0.002
2017	0.169	0.061	0.080	0.003	0.410	0.001
2018	0.222	0.028	0.102	0.001	0.413	0.001
2019	0.277	0.011	0.117	0.000	0.442	0.000
2020	0.496	0.000	0.170	0.000	0.373	0.003

通过计量软件Stata计算出三种空间权重矩阵下2004~2020年西部12个省份的旅游经济的空间自相关性，由计算结果可知，2004~2020年中西部地区旅游经济增长的莫兰指数全部大于零，说明西部地区各省份旅游经济之间存在正相关关

系，且随着时间的推移，莫兰指数值呈现出波动增长的趋势，说明旅游经济在西部各省份之间呈现出的正相关性越来越强。从表 5-3 中可以看出，邻接矩阵的显著性效果较差，说明在测算西部 12 个省份旅游经济之间的相关性时存在一定的误差，相邻矩阵是对各省份之间的相邻性做了简单的赋权，两个省相邻就赋值为 1，不相邻则赋值为 0，并未考虑到各省份在空间上可能存在的影响关系；地理距离矩阵则在 5%和 1%的水平下均通过显著性检验，说明采用地理距离矩阵是可行的；经济地理距离矩阵均在 5%和 1%的水平下通过显著性检验，且系数值较大，说明通过经济地理距离反映出的各省份旅游经济增长的空间相关性较强。从三种空间权重矩阵的检验结果来看，西部 12 个省份之间的旅游经济存在明显的相关性。

从全局莫兰指数的结果可以看出，西部 12 个省份的旅游经济在整体上存在空间自相关，但是未能对研究区域的内部空间性做出相关解释，且不能反映出区域内部的动态演变过程。因此可采用局部莫兰指数进行局部空间相关性检验，局部莫兰指数公式为：

$$\text{Local}Moran's\ I = (x_i - \bar{x}) \sum_{j=1}^{n} W_{ij}(x_j - \bar{x}) / S^2 \tag{5-5}$$

通过局部莫兰指数对空间相关性检验，由于选取的变量较多，且计算的年份是 2004~2020 年，为了更加直观地体现西部 12 个省份旅游经济的空间相关性，本书选取 2005 年、2010 年、2015 年、2020 年四个时间节点，通过 Stata 计量软件绘制出经济地理距离权重矩阵下西部 12 个省份旅游经济增长的局部莫兰散点图，对西部 12 个省份旅游经济的空间相关性进行分析。

从图 5-6 中可以看出，在经济地理距离空间权重矩阵下的拟合曲线是向右上方倾斜，拟合曲线的斜率为正，且拟合曲线效果较好。总体来看，在四个不同时间截点上西部各省份在第一象限、第三象限分布较多，第二象限、第四象限分布相对较少，说明西部各省份的旅游经济增长主要表现为“高—高”模式和“低—低”模式。经济地理距离矩阵下，2005 年分布在第一象限的省份有 4 个，分布在第三象限的省份有 5 个，说明在 2005 年时旅游经济增长为“高—高”模式和“低—低”模式的总共有 7 个，占西部地区总数的 75%；2020 年位于第一象限的省份有 5 个，位于第三象限的省份有 3 个，占总数的 67%。从图 5-6 中还可以看出，越来越多的观测区域呈现空间正相关性，且更加靠近拟合曲线，这表明西部地区旅游经济增长表现出越来越明显的空间相关性。

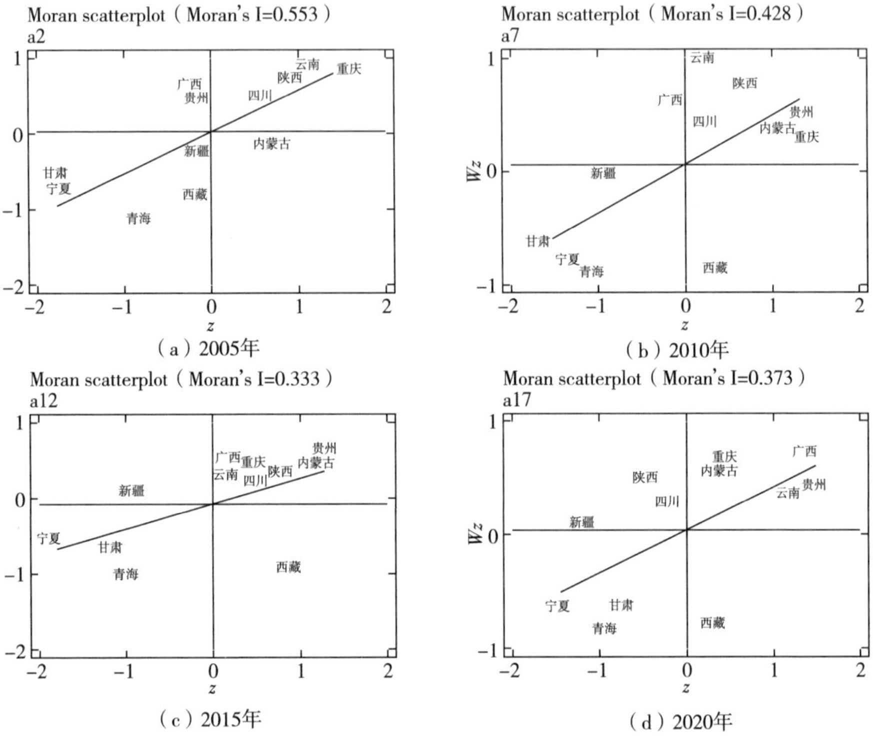

图 5-6　2005 年、2010 年、2015 年、2020 年经济地理距离矩阵下西部 12 个省份旅游经济增长的局部莫兰散点图

二、模型设定与变量选取

（一）模型的设定

前文通过全局莫兰指数和局部莫兰指数对西部地区旅游经济进行了相关性检验，结果表明西部各省份旅游经济存在显著的正相关关系。西部各省份旅游经济增长之间存在相关性的原因主要包括真正相关性和干扰相关性两部分。所谓“真正相关性”，就是由于生产要素在不同区域间的流动、扩散与外溢所造成的一种“相关”效应。干扰相关性则是由于空间上的测量误差造成的空间相关性。因此，普通最小二乘法（OLS）回归不适用检验西部地区旅游产业集聚度对旅游经济增长的影响，参考国内有关学者的相关研究（谢露露和王雨佳，2018；张淑文等，2020；王新越和芦雪静，2020），需要引入空间计量模型，空间计量模型主要有空间滞后模型（SLM）、空间误差模型（SEM）和空间杜宾模型（SDM）。

1. 空间滞后模型

空间滞后模型的重点在于，各个变量在不同的地区之间会不会出现溢出效应，也就是说，区域经济变量间的相互作用，会使被解释变量出现空间相关，被解释变量之间有很强的空间依赖关系，因此，该模型将会引进空间滞后项，这就是空间滞后模型。模型的具体公式为：

$$Y=\rho WY+\beta X+\varepsilon \tag{5-6}$$

其中，X 为 $n\times k$ 解释变量矩阵，Y 为被解释变量矩阵，W 为空间权重矩阵，WY 为空间滞后因变量，ρ 为空间自回归系数，β 为待估参数矩阵，ε 为随机扰动项矩阵服从 $N(0,\ \sigma^2 I_n)$。将所需的解释变量、被解释变量和控制变量代入式(5-6)为：

$$PTR_{it}=\rho WPTR_{it}+\beta_0+\beta_1 LQ_{it}+\beta_3 cont+\varepsilon_{it} \tag{5-7}$$

其中，W 为空间权重矩阵，表示研究区域的空间距离属性，代表的是一个内生变量，用来测量因变量对周边观察值影响的空间滞后因变量。ρ 为可估计的空间自回归系数，$\rho WPTR_{it}$ 为空间滞后变量，β_3 为控制变量的系数向量，$cont$ 为控制变量。

2. 空间误差模型

如果相邻区域的扰动误差项使被解释变量之间产生了空间相关性，此时需要引入空间误差项进行修正处理，则使用空间误差模型，模型的具体公式为：

$$Y=\beta X+\mu$$

$$\mu=\lambda W\mu+\varepsilon,\ \varepsilon\sim(0,\ \sigma^2 I_n) \tag{5-8}$$

λ 代表空间误差系数，μ 为正态分布的随机误差向量。将相关变量代入式（5-8）为：

$$PTR_{it}=\beta_0+\beta_1 LQ_{it}+\beta_3 cont+\rho W\varepsilon_{it} \tag{5-9}$$

其中，$\rho W\varepsilon_{it}$ 为空间误差项，β_3 为控制变量的系数向量，$cont$ 为控制变量。

3. 空间杜宾模型

空间杜宾模型包含空间滞后模型和空间误差模型，并且将空间滞后解释变量考虑到模型中，具体的模型公式为：

$$Y=\rho WY+\beta X+\theta WX+\varepsilon \tag{5-10}$$

其中，W 为空间权重，θWX 表示相邻区域变量的影响，θ 为系数变量。将相关变量代入式（5-10）为：

$$PTR_{it}=\rho WPTR_{it}+\beta_0+\beta_1 LQ_{it}+\theta_1 WLQ_{it}+\beta_3 cont+\theta_2 Wcont+\varepsilon_{it} \quad (5-11)$$

其中，$\theta_1 WLQ_{it}$ 为旅游产业集聚度，$\theta_2 Wcont$ 为控制变量的空间变量，$\rho WPTR_{it}$ 为被解释变量的空间滞后项。由于一个地区的旅游业发展与旅游经济增长除了会受到相邻省份的影响外，也会受到其他不相邻省份的影响，因此在使用空间矩阵时考虑到其他省份的影响，本书采用经济地理距离矩阵，不仅能考虑到各省份空间距离的影响，也将各省份的经济发展水平考虑在内。

（二）变量的选取

在当前社会经济的迅速发展，以及在西部大开发战略背景下，西部地区经济也在快速地增长，旅游业作为经济发展中的重要产业，对一个地区的生产总值具有重大的贡献，因此研究旅游业的发展需要研究影响旅游产业发展的因素，既包括直接因素也包括间接因素。本书结合西部地区旅游产业发展的实际情况以及借鉴其他学者的做法，将选择对西部地区旅游业发展有重要影响的几个因素，以其为解释变量。借鉴相关学者对旅游产业集聚影响区域旅游经济增长的相关研究，选取旅游经济增长作为被解释变量，旅游产业集聚作为核心解释变量。王明康等（2018）提到，产业结构对旅游产业发展的基础环境具有决定性作用；张春香（2018）提到，交通基础设施是旅游业发展的基础保障，对旅游的流量和流向具有深刻的影响；吴柏莹（2022）提到，城镇化水平是影响经济发展的重要因素，对资源集聚有重要的作用；赵金金（2016）提到，经济发展水平与旅游从业人员对旅游经济的发展有重要的影响；耿长伟和段正梁（2018）提到，社会的固定资产同样对旅游经济具有影响。通过参考相关学者的文献，再结合数据的可靠性、可获得性，最终选用产业结构、交通基础设施、城镇化水平、区域经济发展水平、人力资本以及物质资本作为控制变量。

1. 被解释变量

本书以西部 12 个省份 2004~2020 年的区域旅游经济作为被解释变量，借鉴其他学者的做法，以人均旅游收入（PTR）作为替代变量（王新越和芦雪静，2020；刘佳和刘金金，2013）。人均旅游收入是通过将该地区的国内旅游收入和入境旅游收入进行加总得到旅游总收入，然后旅游总收入除以区域年末人口数量。

2. 核心解释变量

本书以通过区位熵（LQ）（王兆锋和霍菲菲，2018）计算出西部 12 个省份

2004~2020 年的旅游产业集聚度作为模型中的核心解释变量。

3. 控制变量

（1）交通基础设施（TIC）。作为物质资源和信息资源的传输媒介，交通基础设施是旅游目的地开发和建设必不可少的，其发展的程度对旅游业的发展成效有深远的影响。所以，本书以交通基础设施作为一个控制变量，用各个区域每万公里的公路里程累计长度来表征（张春香，2018）。

（2）区域经济发展水平（PGDP）。经济发展水平不仅对一个地区经济发展有重要的影响，而且也是旅游经济增长的核心动力和基础保障。所以，本书用人均 GDP 来代表区域经济发展水平（麻学锋等，2021）。

（3）产业结构（IS）。旅游产业属于第三产业，具有与其他产业高度关联的特点，对旅游产业的结构进行优化，能对旅游经济增长起到促进作用。所以，本书使用第三产业在国内生产总值中所占的比例来表达产业结构（王明康、刘彦平，2018）。

（4）城镇化水平（URB）。城镇化水平的提高能够提高资源的集聚能力，对旅游产业的发展有重要的影响，因此本书选择用城镇人口占年末总人口比重表示城镇化水平（吴柏莹，2022）。

（5）人力资本（L）。旅游从业人数是劳动投入的理想表征指标，包括旅游直接和间接就业人数，在一定程度反映了旅游的综合性（赵金金，2016）。

（6）物质资本（K）。旅游设施可以反映出资金的投入，但其涵盖的领域太广，对其定义也比较困难。在过去的研究中，通常采用星级酒店数量、景区数量等来衡量投资水平，但是这类指标的数量太多，而且不能反映投资的全面性，所以本书选择了更加全面的固定资产来衡量资本投入（耿长伟、段正梁，2018）。

（三）数据的来源与说明

本书的数据来源于各省份不同年份的统计年鉴和《中国统计年鉴》《中国旅游统计年鉴》《中国文化文物和旅游统计年鉴》以及各省份的统计公报，国家统计局、国家基础地理信息中心官网资料。由于部分数据缺失，因此采用线性插值法对缺失的数据进行补充。由于各变量之间的量纲不同会导致实证结果出现偏差，为保证结果的准确性，本书后续的实证分析均是在数据进行标准化后的基础上进行（梁向东和阙启越，2021）。表 5-4 列出了各变量的描述性统计数据。

表 5-4　各变量描述性统计

变量	Obs	Mean	Std. Dev.	Min	Max
PTR	204	0. 2994	0. 3002	0. 001	1. 001
LQ	204	0. 2606	0. 2461	0. 001	1. 001
TIC	204	0. 5873	0. 2997	0. 001	1. 001
PGDP	204	0. 4520	0. 3246	0. 001	1. 001
IS	204	0. 4667	0. 3179	0. 001	1. 001
URB	204	0. 5044	0. 3155	0. 001	1. 001
I	204	0. 3966	0. 2986	0. 001	1. 001
K	204	0. 4480	0. 3477	0. 001	1. 001

三、回归分析

（一）模型的选取

通过上文对西部地区旅游经济进行的莫兰指数空间自相关检验，在 2004~2020 年的 17 年中西部地区旅游经济增长的莫兰指数全部大于零，已经证明是存在空间自相关性的。根据结果的科学性和合理性，首先需要选取合适的空间计量模型，模型具体选择过程如下：

（1）模型的选取。首先可以通过普通面板回归残差以及拉格朗日乘数检验判定是否存在空间相关性。如果两者均未通过显著性水平检验，则使用 OLS 模型进行回归检验分析。如果回归残差的莫兰指数和 LM-error 统计量通过了显著性检验，则说明模型回归残差存在空间相关性，无空间交互效应传统面板模型 OLS 不适用，应选用空间计量模型。根据莫兰检验的结果可知，西部地区旅游经济增长之间是存在空间相关性的，因此采用拉格朗日乘数检验（LM）。在选用拉格朗日乘数检验后，对空间误差模型（SEM）和空间滞后模型（SLM）进行检验，如果两者都未通过显著性检验则使用传统面板回归模型，如果其中一个通过了显著性检验则使用这个模型，如果两者都通过了显著性检验，则需要进一步根据 Robust 检验结果选择一个更适配的模型。

（2）LR 检验和 Wald 检验。用 LR 检验和 Wald 检验对空间杜宾模型是否会退化为空间滞后模型和空间误差模型进行了检验，当 LR 检验的结果 p 值在 1%、5%、10%的水平下都通过了显著性检验，表明对原假设的否定，并且空间杜宾模型不会退化为空间滞后模型和空间误差模型；如果不能通过检验，就可以接受原来的假定，从而表明该空间杜宾模型可以退化为空间滞后模型和空间误差模型；同理，Wald 检验的结果 p 值在 1%、5%、10%水平下通过了显著性检验，则说明拒绝原来的假设；反之，接受原来的假设。在 LR 检验和 Wald 检验的结果相吻合且通过了显著性检验时，则说明拒绝原来的假设，那么就选用空间杜宾模型；当 LR 检验和 Wald 的检验结果不一致的时候，这时仍然可以使用空间杜宾模型，因为空间杜宾模型包括空间滞后模型和空间误差模型两部分，使用空间杜宾模型可以将解释变量和被解释变量的滞后项都考虑进去，这样在分析时，可以更加全面。

（3）豪斯曼检验。通过豪斯曼检验是选用固定效应模型还是选用随机效应模型，如果检验结果的 p 值在 1%、5%、10%的水平下通过了显著性检验，则说明拒绝原假设，模型使用固定效应模型；反之，不能通过检验，接受原假设，使用随机效应模型。若选用了固定效应模型，则还需对时间固定、空间固定和时空固定效应再进行检验；若是用随机效应则无须再次检验。

（4）回归分析。通过上述的步骤最后确定空间杜宾模型，再对空间杜宾时间固定效应、空间杜宾空间效应固定、空间杜宾时空效应固定进行回归分析。

（5）将空间杜宾效应进行分解。对空间杜宾模型产生的效应分解为直接效应、间接效应和总效应。

（二）模型的检验

在前文中已经对西部地区旅游经济增长的空间性进行了检验，结果表明是存在空间相关性的，因此选用拉格朗日乘数检验对空间滞后模型与空间误差模型进行检验，具体检验结果如表 5-5 所示。

表 5-5　空间计量模型基本检验

模型	检验方法	邻接矩阵（W_1）		地理距离矩阵（W_2）		经济地理距离矩阵（W_3）	
		统计量	p 值	统计量	p 值	统计量	p 值
SLM	LM-Lag	6.808	0.000	17.432	0.000	6.734	0.000
	R-LM-Lag	0.043	0.836	0.606	0.436	0.375	0.540
SEM	LM-error	17.708	0.000	29.149	0.000	13.208	0.000
	R-LM-error	10.943	0.000	12.323	0.000	6.849	0.000

续表

模型	检验方法	邻接矩阵（W_1）		地理距离矩阵（W_2）		经济地理距离矩阵（W_3）	
		统计量	p 值	统计量	p 值	统计量	p 值
SDM	LR-lagtest	66.94	0.000	66.27	0.000	54.29	0.000
	LR-errortest	63.45	0.000	63.9	0.000	52.4	0.000
	Wald-test	88.33	0.000	71.04	0.000	53.49	0.000

从表 5-5 中可以看出，空间滞后模型（SLM）和空间误差模型（SEM）在 1%的水平下通过了显著性检验，因此需要进行下一步的 Robust 检验，可以看出空间滞后模型在 10%的水平下未通过显著性检验，空间误差模型在 1%的水平下通过了显著性检验，因此选用空间误差模型更优。

LM 检验表明，空间误差模型比空间滞后模型相对较适用，但由于 LM 和 Robust 未将空间杜宾模型（SDM）的适用性考虑在内，因此需要通过 LR 和 Wald 来检验空间杜宾模型能否退化为空间误差模型和空间滞后模型。通过表 5-5 可知，LR 和 Wald 通过 1%的显著性水平检验，说明能够拒绝原假设并且空间杜宾模型不能退化成空间误差模型和空间滞后模型，因此选用空间杜宾模型来检验西部地区旅游产业集聚对旅游经济增长的影响。

接下来通过 Hausman 检验来判断面板数据是使用固定效应模型还是使用随机效应模型。通过检验结果可知，Hausman 检验在三种空间权重矩阵下均通过了 1%的显著性水平检验，说明可以拒绝原假设，使用固定效应模型优于随机效应模型。Hausman 检验具体结果如表 5-6 所示。

表 5-6　Hausman 检验

Hausman 检验	邻接矩阵（W_1）		地理距离矩阵（W_2）		经济地理距离矩阵（W_3）	
	统计量	p 值	统计量	p 值	统计量	p 值
	323.12	0.000	354.28	0.000	384.34	0.000

通过 LM、LR、Wald 以及 Hausman 检验，研究结果表明固定效应下的空间杜宾模型在本书中是最适用的模型。

（三）回归结果分析

选取在固定效应下的空间杜宾模型，对西部 12 个省份在 2004~2020 年的旅游产业集聚对旅游经济增长的影响展开空间回归分析，这里选取的是经济地理距离矩阵下的空间杜宾模型。具体从时间固定效应、空间固定效应、双向固定效应以及个体固定效应四个方面进行回归分析，具体回归结果如表 5-7 所示。

表 5-7 非空间个体固定效应模型与空间杜宾模型的回归结果

变量	个体固定效应模型	空间杜宾模型			
		随机效应模型	空间固定效应模型	时间固定效应模型	双向固定效应模型
LQ	0.073 (0.045)	0.199*** (0.020)	0.201*** (0.020)	0.160*** (0.022)	0.192*** (0.018)
TIC	-0.153* (0.080)	0.022 (0.028)	0.040 (0.029)	-0.016 (0.019)	0.057** (0.029)
PGDP	0.727*** (0.138)	0.292*** (0.054)	0.302*** (0.055)	0.228*** (0.046)	0.251*** (0.055)
IS	0.179*** (0.052)	0.007 (0.017)	0.003 (0.017)	-0.041** (0.020)	-0.060*** (0.019)
URB	0.101 (0.157)	-0.042 (0.045)	-0.059 (0.047)	-0.041 (0.034)	-0.028 (0.055)
L	0.014 (0.052)	0.009 (0.015)	0.011 (0.015)	-0.037** (0.015)	-0.002 (0.015)
K	0.004 (0.078)	-0.030 (0.024)	-0.034 (0.024)	0.054* (0.030)	0.007 (0.029)
W×LQ	—	-0.414*** (0.038)	-0.410*** (0.038)	-0.329*** (0.064)	-0.255*** (0.062)
W×TIC	—	-0.011 (0.044)	-0.030 (0.044)	-0.063 (0.063)	-0.029 (0.080)
W×PGDP	—	0.200* (0.106)	0.172 (0.105)	0.489** (0.239)	0.518** (0.237)
W×IS	—	0.150*** (0.030)	0.151*** (0.029)	-0.142** (0.056)	-0.101** (0.050)
W×URB	—	-0.176* (0.093)	-0.157* (0.090)	-0.437*** (0.137)	-0.230 (0.150)

续表

变量	个体固定效应模型	空间杜宾模型			
		随机效应模型	空间固定效应模型	时间固定效应模型	双向固定效应模型
W×L	—	-0.009 (0.032)	-0.004 (0.031)	-0.053 (0.040)	-0.049 (0.039)
W×K	—	-0.105* (0.063)	-0.094 (0.063)	-0.078 (0.112)	-0.113 (0.104)
ρ	0.2335	0.809*** (0.063)	0.814*** (0.026)	0.004 (0.114)	0.090 (0.105)
R^2	0.7666	0.9360	0.9353	0.0393	0.6851
LogL	—	329.2122	352.4554	346.1222	404.2566

注：*、**、***分别表示在10%、5%、1%的水平下显著；括号内数据为标准误。

从表5-7的检验结果可以得出，固定效应下的空间杜宾模型比较适用于本书的模型。固定效应下的空间杜宾模型又可以分为时间固定效应模型、空间固定效应模型和双向固定效应模型三种，从表5-7中可以看出，空间固定下的空间杜宾模型的 $R^2=0.9353$，时间固定效应下的空间杜宾模型的 $R^2=0.0393$，双向固定效应下的空间杜宾模型的 $R^2=0.6851$，说明空间固定效应下的模型是最优的；其次，时间固定效应下空间杜宾模型的 R^2 小于空间固定效应下杜宾模型的 R^2，说明当时间发生变化时，旅游产业集聚对区域旅游经济增长的影响并不显著；最后，在时间固定效应下空间杜宾模型和空间固定效应下空间杜宾模型的 R^2 与 LogL 进行比较，结果发现空间固定效应下空间杜宾模型的 R^2 和 LogL 均大于时间固定效应下空间杜宾模型的 R^2 和 LogL，表明空间变化对旅游经济增长的影响要优于时间变化对区域旅游经济增长的影响，说明空间固定效应下的空间杜宾模型是最优的，下面用空间固定效应下的空间杜宾模型进行实证分析。

从表5-7可以看出，个体固定效应模型的旅游产业集聚度的回归系数均未通过显著性检验；空间固定效应下空间杜宾模型的旅游产业集聚度的回归系数则在1%的水平下通过了显著性检验，且对比两者的系数可以发现，空间固定效应下的空间杜宾模型的系数大于个体固定效应模型的系数，出现偏差的原因是个体固定效应模型未将解释变量与被解释变量对周围地区所产生的影响考虑在内，因此结果就出现了偏差。为了更准确地估计核心解释变量对被解释变量的影响，需将空间因素考虑在模型内，否则在解释旅游产业集聚度对区域旅游经济增长的影响时会出现偏差。

再次对空间固定效应下的空间杜宾模型是否会产生空间溢出效应进行分析，从回归结果可以看出，空间固定效应下的空间杜宾模型的 $R^2=0.9353$，说明模型的拟合效果较好，且空间滞后项系数 $\rho=0.814$，在 1%的水平通过了显著性检验，说明西部地区各省份的旅游经济增长是存在空间溢出效应的，也就是说，人均旅游收入的变化不仅会影响本地区旅游经济增长，也会对其他省份的旅游经济增长产生影响。

（四）空间效应分析

从空间杜宾模型的检验结果可知，各变量是会产生空间溢出效应的，但是空间杜宾模型的结果并不能直观地反映出所产生效应的大小，因此需对空间杜宾模型做进一步的分析，从直接效应、间接效应（溢出效应）、总效应进行分析（祝晔等，2022）。李秋雨等（2017）认为，由于空间杜宾模型无法直观反映出空间溢出效应，因此对空间杜宾模型进行偏微分处理，进行偏微分后的公式为：

$$PTR_{it}=(1-\rho W_{it})^{-1}(\beta X_{it}+W_{it})X_{it}\theta+(1-\rho W_{it})^{-1}\alpha+(1-\rho W_{it})^{-1}\lambda+(1-\rho W_{it})^{-1}\xi \tag{5-12}$$

将式（5-12）进一步转化为偏微分矩阵为：

$$\left[\frac{\partial PTR}{\partial X_{it}}\cdots\frac{\partial PTR}{\partial X_{nk}}\right]=k\begin{bmatrix}\frac{\partial PTR_1}{\partial X_{1k}} & \cdots & \frac{\partial PTR_1}{\partial X_{nk}}\\ \vdots & \ddots & \vdots\\ \frac{\partial PTR_n}{\partial X_{1k}} & \cdots & \frac{\partial PTR_n}{\partial X_{nk}}\end{bmatrix}=\begin{bmatrix}\beta_k W_{12}\alpha_K & \cdots & W_{1n}\alpha_K\\ \vdots & \ddots & \vdots\\ W_{n1}\alpha_K W_{n2}\alpha_K & \cdots & \beta_k\end{bmatrix}(1-\rho W)^{-1} \tag{5-13}$$

上述矩阵中 β_k 的平均值表示的是直接效应，除 β_k 外的其他元素的平均值表示的是间接效应（溢出效应），总效应是直接效应与间接效应之和。具体结果如表 5-8 所示。

表 5-8　空间杜宾模型的效应分解

变量	直接效应		间接效应		总效应	
	Coef	Std. Err	Coef	Std. Err	Coef	Std. Err
LQ	0.062***	0.023	-1.202***	0.156	-1.140***	0.170
TIC	0.040	0.032	0.026	0.163	0.066	0.184
PGDP	0.540***	0.093	2.023***	0.502	2.563***	0.576
IS	0.091***	0.029	0.748***	0.145	0.839***	0.169
URB	-0.184*	0.096	-1.009*	0.521	-1.193**	0.607
L	0.012	0.030	0.008	0.167	0.020	0.194
K	-0.100**	0.051	-0.571*	0.330	-0.671*	0.376

注：*、**、***分别表示在10%、5%、1%的水平下显著。

从表5-8可以看出，对空间杜宾模型进行偏回归后得出的效应分解中，从产生的总效应中可以看出旅游产业集聚度、区域经济发展水平、产业结构、城镇化水平、物质资本在1%、5%、10%的水平下通过了显著性检验，产生的溢出效应明显，说明这些因素对区域旅游经济增长有显著的影响；交通基础设施和人力资本在总效应中显然没有通过显著性检验，说明交通基础设施和人力资本对区域旅游经济增长的作用有限，产生的空间溢出效应不明显，对其他省份的旅游经济增长产生的影响也较小。

从直接效应来看，旅游产业集聚度、区域经济发展水平、产业结构、城镇化水平和物质资本在不同程度上通过了1%、5%、10%的显著性检验，说明这几个因素对集聚区的旅游经济增长有较强的影响，且旅游产业集聚度、区域经济发展水平、产业结构系数均为正，也证实了这三个因素均会对集聚区的旅游经济增长产生正向的促进作用，其中区域经济发展水平的系数最大，表明区域经济发展水平对集聚区内的旅游经济增长影响最大。

从间接效应来看，只有旅游产业集聚度、区域经济发展水平、产业结构、城镇化水平和物质资本在1%、5%和10%的水平下通过了显著性检验，表明这五个因素除对本省旅游经济有显著的影响外对周边其他省份的旅游经济增长也具有显著的溢出效应，从系数值来看，旅游产业集聚度虽然通过显著性检验，但是系数值为负，说明旅游产业集聚度未对周边省份产生正向的溢出效应，反而产生了虹吸效应，也就是旅游产业集聚度提高不仅不会促进周边省份旅游经济的增长，反而会对周边省区的旅游经济增长产生抑制作用。交通基础设施、城镇化水平和人力资本在10%的水平下均未通过显著性检验，说明交通基础设施和人力资本产生的溢出效应并不明显，说明对周边省份的旅游经济增长的影响并不显著。下面将从回归结果的单个影响因素进行分析。

从旅游产业集聚度的回归结果来看，旅游产业集聚度产生的直接效应为正，系数为0.062，且在1%的水平下通过了显著性检验，说明旅游产业集聚度对本省的旅游经济增长有显著的正向促进作用，当旅游产业集聚度每提高1个单位时，将促进本省旅游经济增长0.062个单位；旅游产业集聚度产生的间接效应为负，系数为-1.202，且在1%的水平下通过了显著性检验，说明旅游产业集聚度的提高不仅不会促进周边省份的旅游经济增长，反而会抑制周边省份旅游经济的增长，当旅游产业集聚度每提高1个单位时，周边其他省份的旅游经济将下降1.202个单位；由于旅游产业集聚度的间接效应产生的负向作用大于直接效应产生的正向作用，因此总效应为负。

从交通基础设施来看，在直接效应、间接效应、总效应下均未通过显著性检验，说明交通基础设施对旅游经济增长的影响作用有限，很大一部分原因是西部各省份之间的距离相对较远，交通基础设施产生的公共性和共享性相对较小，因此对自身与周边省份产生的溢出效应有限。

从区域经济发展水平来看，在直接效应、间接效应、总效应下的系数均为正，且在1%的水平下通过了显著性检验，说明区域经济发展水平的提高不仅会对本省的旅游经济增长产生正向促进作用，对周边省份也会产生正向的溢出作用，当区域经济发展水平每提高1个单位，将促进本省旅游经济增长0.540个单位，促进周边省份旅游经济增长2.023个单位，可以看出，区域经济发展水平的提高将对周边省份的旅游经济产生更大的正向促进作用，原因在于区域经济发展水平越高，代表人均收入越高，消费能力也就越强，对周边省份的旅游消费能力越强。

从产业结构来看，在直接效应与间接效应下系数都为正，且在1%的水平下均通过了显著性检验，说明第三产业结构的优化不仅会对本省旅游经济增长产生正向的促进作用，对周边省份的旅游经济增长也会产生正向的溢出作用，当第三产业占比提高1%时，将促进本省旅游经济增长0.091，促进周边省份旅游经济增长0.748，可以看出，第三产业的占比提高将对周边省份的旅游经济增长产生较大的正向促进作用。

从城镇化水平来看，在直接效应、间接效应和总效应下均通过了显著性检验，且系数为负，说明城镇化水平的提高不仅没有提高本省的旅游经济增长，反而抑制了本省与周边省份的区域旅游经济增长，很大一部分原因是一个省份的城镇化水平提高，对资源有更强的集聚效应，由于集聚区内可能会出现企业之间的不正当竞争以及垄断现象，就会对区域旅游经济产生抑制效应。

从人力资本来看，在直接效应、间接效应和总效应下的系数均为正，但均未通过显著性检验，说明旅游产业从业人数的提高对本省与周边省区的旅游经济增长起到正向的促进作用不明显，同时也说明西部地区旅游从业人员的增加产生的知识溢出效应不明显，从而对旅游经济增长的作用不显著。

从物质资本来看，直接效应与间接效应分别在5%和10%的水平下通过了显著性检验，说明社会固定资产投资不仅会对本省的旅游经济增长产生影响，对周边省份的旅游经济增长也会产生溢出作用，从直接效应与间接效应的系数值来看，产生的间接效应大于直接效应，说明社会固定资产投资能够通过投资乘数效应扩大对周边省份旅游经济增长的影响，从而产生出较强的溢出效应。

（五）稳健性检验

为保证实证结果的真实性与可靠性，需要对实证结果进行稳健性检验，下面将借鉴相关学者的做法对模型的稳健性进行检验，通过变换空间权重对基准模型进行稳健性检验。本书采用的经济地理空间权重矩阵，因此将通过邻接矩阵和地理距离矩阵对模型进行稳健性检验（梁坤丽和刘维奇，2020），具体结果如表5-9所示。

表 5-9 稳健性与内生性检验

变量	稳健性检验		内生性检验
	邻接矩阵	地理距离矩阵	滞后一期
LQ	0.098*** (0.021)	0.117*** (0.021)	0.186*** (0.015)
TIC	0.009 (0.031)	0.036 (0.031)	0.004 (0.022)
PGDP	0.229*** (0.061)	0.284*** (0.062)	0.191*** (0.042)

续表

变量	稳健性检验		内生性检验
	邻接矩阵	地理距离矩阵	滞后一期
IS	−0.003 (0.021)	−0.030 (0.020)	−0.023* (0.013)
URB	−0.168*** (0.059)	−0.108** (0.055)	−0.001 (0.036)
L	0.014 (0.018)	0.008 (0.017)	0.002 (0.011)
K	0.003 (0.027)	−0.015 (0.026)	−0.016 (0.019)
LPTR	—	—	0.648*** (0.052)
W×LQ	−0.211*** (0.038)	−0.330*** (0.055)	−0.424*** (0.037)
W×TIC	0.041 (0.051)	0.020 (0.070)	0.038 (0.034)
W×PGDP	0.194 (0.128)	0.293 (0.194)	−0.087 (0.106)
W×IS	0.175*** (0.037)	0.278*** (0.067)	0.064** (0.026)
W×URB	−0.206 (0.133)	−0.168 (0.205)	−0.107 (0.075)
W×L	0.028 (0.035)	−0.013 (0.056)	0.033 (0.023)
W×K	0.010 (0.049)	−0.205** (0.094)	0.042 (0.049)
W×PTR	—	—	−0.462*** (0.073)
ρ	0.791*** (0.031)	0.776*** (0.043)	0.848*** (0.020)
R^2	0.8946	0.9388	0.9593
LogL	326.3537	340.8320	410.7388

从表 5-9 可以看出，在更换空间权重矩阵后，回归结果显示的核心解释变量旅游产业集聚度对被解释变量旅游经济增长的影响结果与上文中使用的经济地理空间权重矩阵下的基准模型回归结果一致，在系数值上可能存在差别，但整体上影响是一致的，且都在 1%的水平下通过了显著性检验，证明基准模型是相对稳健的。

为缓解内生性问题，参考 You 等（2020）、梁向东和阙启越（2021）的做法，试图引入被解释变量人均旅游收入的一阶滞后项来解决由于旅游经济增长与旅游产业集聚度之间的内生性造成了回归结果的估计偏差。从表 5-9 可以看出，对被解释变量进行滞后一期的回归结果显示各变量的符号、显著性与其基准模型的回归一致，再次证明了基准模型是存在稳健性的。从被解释变量滞后一期的回归系数为 0. 648 可以发现，当期的旅游经济增长会受到上一期的影响，且影响较大，说明旅游经济增长存在连续性和长期性。

第六章　西部地区旅游经济的空间溢出效应研究

第一节　旅游经济的空间权重及空间相关性

一、空间权重矩阵建立

在区域经济研究中，将空间效应因素引入经济研究过程以及建立空间计量经济模型进行空间统计分析时，需要用空间权重矩阵来表达空间相互作用。

空间权重矩阵分为空间邻接权重矩阵、空间距离权重矩阵等，我们选择使用最为主流的空间邻接权重矩阵。

（一）空间邻接权重矩阵基本原理

空间权重矩阵是一个反映个体在空间中相互依赖关系的矩阵，其中 w_{ij} 表示空间中第 i 个个体对空间中第 j 个个体的影响程度，空间权重邻接矩阵主要依据邻接关系确定，当地区 i 与地区 j 接壤时，$w_{ij}=1$，若不接壤，则 $w_{ij}=0$。

（二）空间邻接权重矩阵的确立

构造空间邻接权重矩阵，矩阵形式为：$\begin{bmatrix} w_{11} & .. & .. & .. & w_{1j} \\ . & .. & .. & .. & . \\ . & .. & .. & .. & . \\ . & .. & .. & .. & . \\ w_{i1} & .. & .. & .. & w_{ij} \end{bmatrix}$。

为了削弱区域间的外在影响，空间权重矩阵一般被标准化处理，w_{ij} 表示其中的任一元素，采用邻近标准，W 中对角线上的元素 w_{ij} 被设定为 0。

二、西部地区旅游经济的空间相关性

根据地理学第一定律，邻近地区的关联性较强，我们提出了西部地区旅游经济存在空间上的关联及溢出效应的基本假设，为此首先需要对西部省份的旅游经济的空间关联性假设进行检验。这是进行空间计量实证分析的前提。

旅游经济的空间关联性即旅游经济发展水平在某一地区内不同地域分布上所产生的相关性，也称旅游经济的空间自相关性，表现为西部各省份之间旅游经济存在连续的空间过程以及西部各省份旅游经济的发展中受到相邻省份诸多要素的影响而在空间层面上相互依赖、相互制约的现象。对于西部省份旅游经济的空间自相关性分析过程，包括上文构建的空间权重矩阵以及下文空间全局和空间局部自相关的存在性检验两部分。

（一）西部地区旅游经济全局空间相关性

空间相关指数 *Moran' I*。运用空间邻接权重矩阵计算 *Moran' I* 空间相关指数，度量西部地区旅游经济的空间相关度。其中，*Moran' I* 的取值范围为［-1，1］，数值越接近 1，表示具有旅游经济发展水平相近的区域相邻，存在空间正相关；数值越接近于-1，表示具有旅游经济发展水平差距较大的区域相邻，存在空间负相关。全域莫兰指数的计算公式为：

$$Global\ Moran's\ I=\frac{n\sum_{i=1}^{n}\sum_{j=1}^{n}\omega_{ij}(x_i-\bar{x})(x_j-\bar{x})}{\sum_{i=1}^{n}\sum_{j=1}^{n}\omega_{ij}\sum_{i=1}^{n}(x_i-\bar{x})}$$

其中，n 是研究区域内所包含的地区总数；x_i 和 x_j 分别是区域 i 和区域 j 的旅游收入水平、$\bar{x}$ 是各地区旅游经济收入的平均水平、ω_{ij} 为空间权重矩阵。

利用 2004~2019 年西部 12 个省份旅游总收入的数据（数据均来自西部各地区统计年鉴），并采用空间邻近矩阵计算得到 2004~2019 年旅游收入的全域莫兰指数，计算结果如表 6-1 所示。

对 2004~2019 年西部 12 个省份旅游经济总收入进行全域空间相关性分析发现，莫兰指数均为正，揭示了西部省份旅游经济在空间维度上存在显著的正向相关关系，旅游经济发展在区域空间分布上不是随机的而是存在空间上的相关关系。

表 6-1　2004~2019 年西部省份旅游经济的全域莫兰指数

年份	2004	2005	2006	2007	2008	2009	2010	2011
Moran' I	0.018 (0.227)	0.023 (0.216)	0.018 (0.216)	0.009 (0.233)	0.143 (0.065)	0.135 (0.068)	0.136 (0.068)	0.156 (0.053)
年份	2012	2013	2014	2015	2016	2017	2018	2019
Moran' I	0.149 (0.057)	0.148 (0.059)	0.139 (0.065)	0.09 (0.112)	0.134 (0.072)	0.209 (0.030)	0.270 (0.013)	0.312 (0.006)

（二）西部地区旅游经济局部空间相关性

从全局莫兰指数来看，西部省份整体上的旅游经济存在空间上的相关性，但对于西部省区市内部间空间相关性从全域莫兰指数无法看出，这就需要进行局部空间相关性检验。局部莫兰指数的计算公式为：

$$Local\ Moran's\ I = \frac{(x_i - \bar{x})}{S^2} \sum_{j=1} \omega_{ij}(x_j - \bar{x})$$

利用局部莫兰指数值对空间相关性进行分析数据繁多，并不是很直观，所以通过局部莫兰散点图来分析西部省份区域旅游经济的空间相关性。为方便观测我们绘制出了 2004 年和 2019 年西部省份旅游经济的局部莫兰散点图，如图 6-1、图 6-2 所示。

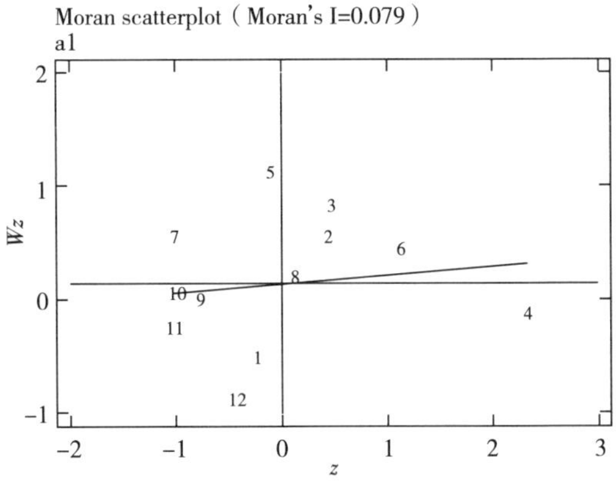

图 6-1　2004 年西部 12 个省份旅游经济的局部莫兰散点图

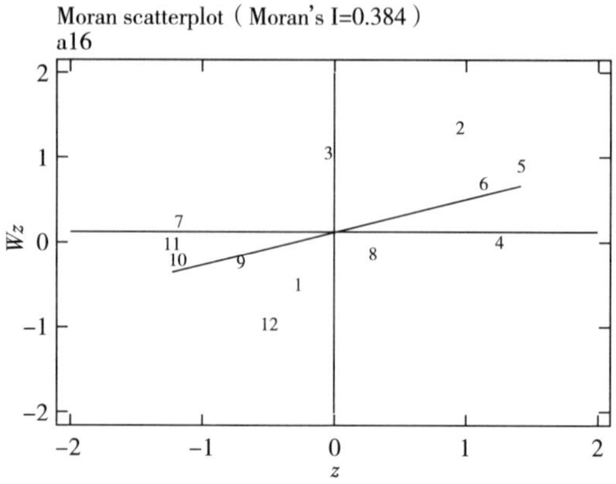

图 6-2　2019 年西部 12 个地区旅游经济的局部莫兰散点图

从图 6-1、图 6-2 中可以看出，西部地区大部分省份位于第一象限和第三象限，说明西部大部分地区旅游经济存在空间上的正向溢出，而位于第二象限、第四象限的地区存在负向溢出。从 2004 年的莫兰散点图可以看出：2-广西、3-重庆、6-云南、8-陕西，四个地区位于第一象限“高—高”区域，说明这四个地区旅游经济发展水平较高，形成了空间上高水平的聚集；5-贵州、7-西藏两个地区位于第二象限“低—高”区域，说明这两个地区旅游经济发展水平较低，被发展水平较高的省份包围；1-内蒙古、9-甘肃、10-青海、11-宁夏、12-新疆五个地区位于第三象限“低—低”区域，说明这几个地区旅游经济发展水平较低，在空间上形成了低水平的聚集；4-四川位于第四象限“高—低”区域，说明四川旅游经济发展水平较高，被旅游经济发展水平较低的地区包围。结合 2004 年和 2019 年的莫兰散点图像可以看出：3-重庆从第一象限变化至第二象限，说明其旅游发展相对于周边省份而言已经落后，被周边旅游经济发展水平较高的省份包围；5-贵州旅游经济发展进步较快，已从相对落后转变为相对较高的发展水平；而 8-陕西旅游经济的发展在这十几年中超过了几个周边省份，在几个周边省份中成为高水平地区；7-西藏、1-内蒙古、9-甘肃、10-青海、11-宁夏、12-新疆这几个地区旅游经济相较于西部其他地区依旧相对落后。

西部地区之间旅游经济的发展，无论是从全局方面还是局部方面都具有空间相关性与依赖性，所以在对西部地区进行旅游经济分析时，需要考虑空间效应，一般的模型可能无法对其进行很好的解释。

第二节　空间模型的构建

方叶林等（2021）认为，当研究的指标具有较强的空间相关性特征时，研究各要素对旅游经济的影响就要考虑引入空间因素，利用空间计量模型，对旅游经济的空间溢出效应进行研究。通过旅游经济（收入）的空间自相关检验，西部省份旅游经济确实存在空间自相关，所以本书考虑构建空间计量模型。

一般地，如果仅使用普通线性回归，如下列形式：

$$y=\beta_1x_1+\beta_2x_2+\beta_3x_3+\cdots+\varepsilon$$

那么，仅仅能够估计本地区资金（x_1）、人才（x_2）、交通（x_3）等要素对旅游经济指数的贡献程度，但未能考虑旅游经济的空间联系与相互作用，即无法测度旅游经济的空间溢出效应。为此本书借鉴以往成熟的区域经济空间溢出研究方法，在上述普通回归模型中引入因变量以及自变量的空间滞后因子分别构建空间滞后模型和空间杜宾模型。

一、空间滞后模型

在旅游经济发展过程中，旅游经济活动发生的区域主体都具有一定的区位空间，通过各种空间交互作用与相邻区域的旅游经济发展产生一定的相关关系（Elhorst，2003）。为了研究是否存在这种空间关联关系，以及是否会产生溢出或者扩散使区域旅游经济发展具有一定的协同性，我们以区域旅游经济发展水平的空间滞后形式来代表相邻区域旅游经济溢出所带来的影响，并纳入传统的回归模型，即为旅游经济发展的空间滞后计量模型，某一区域旅游经济发展水平的增长不仅受到自身内部投入要素的影响，还会受到相邻区域旅游经济发展水平 y_i 通过空间溢出所带来的影响，其空间相关性形式如下：

$$y_i=f(y_1,\ \cdots,\ y_{i-1},\ y_{i+1},\ \cdots,\ y_n)+\varepsilon_{ni}\quad i=1,\ \cdots,\ n \tag{6-1}$$

将式（6-1）展开得出式（6-2）：

$$y_i=\overline{w}_{n,i1}y_1+\cdots+\overline{w}_{n,i-1}y_{i-1}+\overline{w}_{n,i+1}y_{i+1}+\cdots+\overline{w}_{n,n}y_n+\varepsilon_i,\ i=1,\ \cdots,\ n \tag{6-2}$$

其中，$\overline{w}$ 为空间权重，式（6-2）用向量形式描述如下：

$$y_n = \overline{W}_n y_n + \varepsilon_n \tag{6-3}$$

为了使用容量为 n 的样本做出准确估计，并且使参数可识别，对于 $\overline{W}_n$ 做出假设，使：

$$\overline{W}_n = \rho W_n \tag{6-4}$$

$$y_n = \rho W_n y_n + \varepsilon_n \tag{6-5}$$

其中，W_n 为空间权重矩阵，它刻画了截面上个体之间空间相关的结构；ρ 为空间自回归系数，表示了在给定空间结构下旅游经济空间溢出作用的方向和强弱。

横截面环境和时间序列之间存在一定差别，表现在沿时间轴变化的概念较为明确，横截面环境则不同，特别是当所有观测对象在空间上呈不规则分布时。所以需要引入一个空间滞后因子，可以将空间滞后解释为邻近观测单元上某一随机变量的加权平均。为此，结合式（6-3）与式（6-4）可将变量 y 在 i 单元的空间滞后表示为：

$$[Wy]_i = \sum_{j=1}^{n} w_{ij} \cdot y_j \text{ 或者 } W_y \tag{6-6}$$

根据上述各算式整理出的空间滞后模型即可表示为：

$$y_i = \rho \sum_{j=1}^{n} w_{ij} y_j + \varepsilon_i，\varepsilon_i \sim N(0，\delta^2)，\quad i = 1，2，\cdots，n \tag{6-7}$$

其中，$\sum_{j=1}^{n} w_{ij} y_j$ 为空间滞后因子，w_{ij} 为 n 维空间权重矩阵 $W_{n\times n}$ 中的元素，ρ 为待估的空间自相关系数。$\rho \neq 0$，存在空间效应。在模型中引入一系列的解释变量 X 后形式变为：

$$y = \rho Wy + \beta X + \varepsilon，\varepsilon \sim (0，\delta^2 I_n) \tag{6-8}$$

其中，y 为 $n\times 1$ 阶向量，构成模型的因变量，表示为区域的旅游经济（收入）发展水平，X 表示数据矩阵，为影响区域旅游经济发展的各种投入要素，若 X 有多个要素则式（6-8）可写为：

$$y = \rho Wy + \beta_1 x_1 + \beta_2 x_2 + \cdots + \varepsilon，\varepsilon \sim (0，\delta^2 I_n) \tag{6-9}$$

其中，W 为空间权重矩阵，参数 ρ 为空间滞后因变量 Wy 的系数，代表溢出效应对旅游经济发展水平所带来的影响程度，β 为解释变量的系数，代表各个投入要素对旅游经济增长的影响程度，ε 是随机误差项。

二、空间杜宾模型

空间溢出模型可以很好地衡量邻近地区旅游经济的溢出作用，但除了旅游经济增长的空间溢出效应外，如果邻近省份的资本和劳动力等要素对本省份的旅游经济增长也有影响，这就需要使用空间杜宾计量模型进行测算。空间杜宾模型的优点在于同时考虑了因变量和自变量的空间滞后，即在上述空间滞后模型中引入自变量的空间滞后项，WX 更为详细地分析了自变量的全部作用效应，其基本形式如下：

$$y=\rho Wy+\beta X+\theta WX+\varepsilon, \quad \varepsilon\sim(0, \delta^2 I_n) \tag{6-10}$$

若影响旅游经济溢出效应的要素（或具有溢出效应的要素）具有多个则式（6-10）可写为：

$$y=\rho Wy+\beta_1 X_1+\beta_2 X_2+\cdots+\theta_1 WX_1+\theta_2 WX_2+\cdots+\varepsilon, \quad \varepsilon\sim(0, \delta^2 I_n) \tag{6-11}$$

其中，W 为空间权重矩阵，参数 ρ 为被解释变量 Wy 空间滞后项系数，代表因变量旅游经济溢出效应对周边地区旅游经济发展水平所带来的影响程度；β 为解释变量的系数，代表各个投入要素对本地旅游经济增长 y 的影响程度；θ 是自变量 WX 空间滞后项的系数，代表邻近省份的自变量对因变量旅游经济 y 空间溢出影响，ε 是随机误差项。

第三节　数据选取

古典增长理论认为，资本投入和劳动力投入是促进一个地区经济增长的主要因素，而新经济增长理论的观点是技术进步推动了经济发展或者是人力资本积累对经济增长起到了非常关键的作用，为此本书以西部地区旅游劳动力投入以及旅游固定资本投入为自变量，以旅游经济（收入）为因变量。

本章以 2004~2019 年西部各省份的旅游收入为旅游经济的衡量指标，鉴于西部各省份旅游资本直接投资数据难以获取，本章以 2004~2019 年旅游企业固定资产投资额作为替代以及以年末旅游业从业人员数作为旅游经济增长的投入指标。这样，因变量 Y 为西部各省份的旅游收入（亿元），自变量为西部各省份旅游固定资产 K（亿元）和旅游业从业人数 L（万人）（见表 6-2、表 6-3）。样本数据来源于2005~2020年的《中国旅游统计年鉴》以及国家统计局官方网站。用到的数据均进行了对数处理，消除了旅游生产函数估计中存在的异方差性。

表6-2　2004~2019年西部各省份旅游经济收入　　单位：亿元

年份＼省份	内蒙古	广西	重庆	四川	贵州	云南	西藏	陕西	甘肃	青海	宁夏	新疆
2004	145	255	259	566	167	369	15	205	54	20	15	116
2005	208	307	300	721	251	430	19	353	62	26	17	138
2006	279	367	346	979	386	499	27	418	80	35	25	159
2007	390	446	442	1217	513	559	48	504	115	47	31	205
2008	468	533	561	1091	651	663	22	607	137	48	40	207
2009	611	701	703	1472	805	810	55	767	193	60	53	186
2010	732	952	915	1886	1061	1006	71	984	237	71	67	306
2011	889	1277	1268	2449	1429	1300	97	1324	334	92	84	441
2012	1128	1659	1662	3280	1860	1702	126	1713	471	124	103	576
2013	1403	2057	1771	3877	2371	2111	165	2135	620	159	127	674
2014	1805	2601	2003	4891	2896	2666	204	2521	780	202	143	650
2015	2257	3254	2250	6211	3513	3282	282	3006	975	248	161	1022
2016	2715	4191	2645	7706	5028	4726	331	3813	1219	310	205	1340
2017	3440	5580	3308	8923	7117	6922	379	4814	1580	382	278	1823
2018	4011	7620	4344	10112	9471	8991	490	5995	2060	466	296	2580
2019	4651	10241	5739	11594	12319	1103	559	7212	2680	561	340	3634

表6-3　2004~2019年西部各省份旅游固定资产投资　　单位：亿元

年份＼省份	内蒙古	广西	重庆	四川	贵州	云南	西藏	陕西	甘肃	青海	宁夏	新疆
2004	31	81	74	266	39	119	15	95	37	10	11	81
2005	44	136	79	328	35	113	15	91	42	10	12	97
2006	55	146	85	397	115	151	17	130	91	25	14	115
2007	72	164	93	424	171	171	21	134	81	109	16	126
2008	69	140	84	642	140	454	24	99	73	15	21	121
2009	89	149	125	279	510	284	35	146	101	20	29	254
2010	59	96	79	161	31	138	24	106	58	15	21	111

续表

年份＼省份	内蒙古	广西	重庆	四川	贵州	云南	西藏	陕西	甘肃	青海	宁夏	新疆
2011	93	113	127	227	47	180	27	132	66	25	43	131
2012	112	109	123	215	123	215	42	127	72	27	41	123
2013	136	122	146	280	64	250	24	136	80	27	43	125
2014	126	134	169	273	64	247	35	176	85	27	45	131
2015	154	120	176	316	72	247	29	175	85	35	66	116
2016	115	123	163	407	97	269	46	192	112	40	52	147
2017	114	104	107	325	70	226	59	155	92	42	47	113
2018	120	104	165	316	73	232	60	139	80	57	49	99
2019	126	105	223	306	76	238	61	123	69	71	51	86

第四节　模型选择与回归

一、经济增长基本模型

经济增长理论认为资本投入和劳动力投入是促进一个地区经济增长的主要因素，而柯布—道格拉斯生产函数正是描述一个经济体产出是由资本、劳动和知识技术所决定的，因此，本书选择该函数作为旅游产业经济增长的理论基础模型。

本书使用索罗增长模型构建柯布—道格拉斯区域旅游生产函数，假定有资本和劳动两种投入，i 地区 t 时期的旅游经济产出 Y_{it} 为：

$$Y_{it}=K_{it}^{\alpha}L_{it}^{\beta} \tag{6-12}$$

其中，K 为地区的资本要素投入，L 为地区的劳动要素投入。对式（6-12）两边同时取对数可得：

$$\ln Y_{it}=\alpha\ln K_{it}+\beta\ln L_{it} \tag{6-13}$$

二、旅游经济空间计量模型

依据经济增长的基础模型——柯布—道格拉斯生产函数以及空间计量模型，

并结合上文中两种空间计量模型，可以构造本文研究空间旅游经济溢出效应的两种计量模型分别是：

旅游经济的空间滞后模型：

$$\ln Y_{it} = \rho \sum w_{ij} \ln Y_{ij} + \alpha \ln K_{ij} + \beta \ln L_{ij} + \mu + \upsilon + \omega$$

旅游经济的空间杜宾模型：

$$\ln Y_{it} = \rho \sum w_{ij} \ln Y_{ij} + \alpha \ln K_{ij} + \beta \ln L_{ij} + \xi \sum w_{ij} \ln K_{ij} + \zeta \sum w_{ij} \ln L_{ij} + \mu + \upsilon + \omega$$

其中，i 表示截面区域（$i=l, 2, \cdots, N$），t 表示时期（$t=l, 2, \cdots, T$），Y_{it} 为因变量，表示由 i 区域，t 时期旅游经济（收入）构成的 $N\times1$ 向量，自变量 K_{ij} 和 L_{ij} 表示资本和劳动力投入观测值构成的 $N\times2$ 矩阵，μ 表示空间（个体）效应，υ 表示时期效应，ω 表示随机扰动项。这两种模型的侧重点各不相同，空间滞后模型主要考察本地旅游经济增长的同时产生的溢出效应；空间杜宾模型一方面反映了旅游经济的空间相关性，另一方面还分析了资本、劳动力等自变量对邻近地区旅游经济的影响。$w_{ij}\ln K_{ij}$、$w_{ij}\ln L_{ij}j$ 为引入空间权重的邻近省份的旅游资本和劳动力的空间滞后变量，用来度量其对周边地区的溢出效应。

三、模型检验与选择

除传统的 Moran'I 检验以外，还可以采用拉格朗日乘子（LM）检验空间计量模型的可靠性。LM 检验是由 Breusch 与 Gdfrey 于 1978 年提出的，用于检验一般自相关的方法，由于该法源于拉格朗日数乘原理，故被称为拉格朗日数乘法（LM 法）。它可以检验整体空间计量模型是否优于一般 OLS 计量模型，其基本原理如下：

对于模型：$Y_t=\beta_0+\beta_1X_{1t}+\beta_2X_{2t}+\cdots+\beta_kX_{kt}+\mu_t$ 考虑随机扰动项存在 p 阶自相关，可设：$\mu_t=\rho_1\mu_{t-1}+\rho_2\mu_{t-2}+\cdots+\rho_p\mu_{t-p}+\nu_t$，假设 H_0：$\rho_1=\rho_2=\cdots=\rho_p=0$ 即不存在 p 阶自相关性，对于该假设进行检验：首先进行 OLS 法估计原模型，得出残差序列 e_t，建立辅助回归模型：

$$e_t=\hat{\rho}_1e_{t-1}+\cdots+\hat{\rho}_pe_{1-p}+\beta_0+\beta_1X_{1t}+\beta_2X_{2t}+\cdots+\beta_kX_{kt}+\nu_t$$

其中，e_t 为原模型中 μ_t 的估计值，估计辅助回归得 R^2，构造 LM 统计量，大样本下 LM 服从以下渐进分布：$LM=nR^2\sim\chi^2(p)$，其中，n 为原模型样本容量，p 为自回归阶数（最大滞后期），R^2 为辅助回归的可决系数。

给定显著水平 α，检查临界值 $\chi_{\alpha}^{2}(p)$ 与 LM 值比较，做出判断：若 $nR^2>\chi_{\alpha}^{2}(p)$，则拒绝原假设，表明至少有一个 p_i 值显著不为 0，即存在序列相关性。

通过 LM 检验可知，空间滞后模型 SLPDM-LM 与 SLPDM-RLM 均拒绝原假设，通过了 5%的显著性水平检验，而空间误差模型 SEPDM-RLM 未拒绝原假设未通过检验，说明在测度西部省份区域旅游经济关联上，采用 SLPDM 空间滞后模型较为合理。

对于空间面板数据计量模型应该选择固定效应模型或随机效应模型的判断，应通过 Hausman 检验考察空间效应与解释变量之间的相关性，结果显示 p 值为 0.042，拒绝了原假设，所以选择空间面板固定效应模型。如表 6-4、表 6-5 所示。

表 6-4　西部 12 个省份旅游经济函数基本 LS 回归

解释变量	回归系数	t 统计量	标准差	p 值
lnK	0.7118	4.05	0.1757	0.000
lnL	0.7933	4.63	0.1714	0.000
统计检验				
R^2	0.5908			
Adj R^2	0.5965			
Root MSE	1.0311			

表 6-5　模型的 LM 及 Hausman 检验

Test	Statistic	df	p-value
Spatial error:			
Moran's I	2.842	1	0.004
Lagrange multiplier	6.729	1	0.009
Robust Lagrange multiplier	0.005	1	0.944
Spatial lag:			
Lagrange multiplier	10.809	1	0.001
Robust Lagrange multiplier	4.085	1	0.043
Hausman test			0.042

四、空间面板模型回归结果与分析

（一）空间面板模型回归结果

依据普遍空间计量回归步骤，首先进行一般空间杜宾计量模型：$\ln Y_{it}=\rho\sum w_{ij}\ln Y_{ij}+\alpha\ln K_{ij}+\beta\ln L_{ij}+\xi\sum w_{ij}\ln K_{ij}+\zeta\sum w_{ij}\ln L_{ij}+\mu+\upsilon+\omega$ 回归，利用 Stata15 软件对空间杜宾面板固定效应模型进行回归分析，结果如表 6-6 所示。

表 6-6　西部省份旅游经济函数空间面板固定效应计量模型估计结果

变量	空间滞后面板模型（SLPDM）			空间杜宾面板模型（SDPDM）		
	空间固定效应Ⅰ	时期固定效应Ⅱ	空间时期固定效应Ⅲ	空间固定效应Ⅳ	时期固定效应Ⅴ	空间时期固定效应Ⅵ
lnK	0.0147 (0.670)	0.2838 (0.002)	−0.0703 (0.027)	0.0496 (0.586)	0.2869 (0.001)	−0.0804 (0.011)
lnL	0.0846 (0.132)	1.0127 (0.000)	0.0541 (0.293)	0.2611 (0.047)	1.0556 (0.000)	0.0536 (0.227)
WlnK				0.0167 (0.926)	−0.0501 (0.750)	−0.0466 (0.425)
WlnL				1.0578 (0.000)	0.5981 (0.000)	0.2165 (0.018)
ρ	0.9352 (0.000)	0.2707 (0.000)	−0.2461 (0.021)			
LogL	13.839	−126.384	106.634	17.032	−109.859	110.552
R^2	0.5157	0.6396	0.0783	0.3563	0.6409	0.0084
Likelihood-ratio test	4.030 (0.103)					

对于空间面板计量经济模型中的空间杜宾模型（SDPLM）、空间滞后模型（SLPLM）和空间误差模型（SEPDM）的选择我们一般通过 LR 检验与 Wald 检验判断空间杜宾模型是否可以简化为空间滞后模型或者空间误差模型。

通过似然比 LR 检验可以判断空间杜宾模型 SLPDM 是否可以简化为空间滞后模型 SLPDML，结果显示 LR 检验值为 4.030，其伴随概率值为 0.103，没有拒绝原假设，空间杜宾模型也可简化为空间滞后模型。

为此我们利用 Stata15 软件对空间滞后模型 $\ln Y_{it}=\rho\sum w_{ij}\ln Y_{ij}+\alpha\ln K_{ij}+\beta\ln L_{ij}+\mu+\upsilon+\omega$ 进行回归检验，其回归结果如表 6-6 所示。由表 6-6 中的我国西部省份旅游经济的空间滞后面板模型与空间杜宾面板模型的各类模型估计及检验结果可知：空间面板模型 SLPDMII、空间杜宾模型 SLPDMV 的拟合优度（R^2）优于其他空间面板模型，因而本书选择将两者的回归结果进行解释说明。

（二）结果分析

表 6-6 中的结果显示，空间面板滞后模型 SLPDMII、旅游经济 Y 空间滞后项系数 ρ 通过了 1%水平的显著性检验，且为正值；旅游资本与旅游劳动力投入 $\ln K$ 与 $\ln L$ 要素也通过了 1%水平的显著性检验，且估计系数均为正值，结合表 6-6 中的空间滞后模型各项回归系数，结果可具体化为：

$$\ln Y_{ij} = 0.27\sum w_{ij}\ln Y_{ij} + 0.28\ln K_{ij} + 1.01\ln L_{ij} + \mu + \upsilon + \omega$$

结果显示：第一，当其他条件不变时，邻近地区旅游经济每增长 1%会引起周边地区旅游经济增长 0.27%，西部地区旅游经济有显著的空间溢出效应；第二，在西部省域内本地区旅游资本每增长 1%，能够带动本地区旅游经济增长 0.28%，本地区旅游劳动力投入每增长 1%，本地旅游经济（收入）增长约 1.01%。

空间杜宾模型 SLPDMV 各系数估计值除 $W\ln K$ 空间滞后项系数未通过显著性检验外，其他系数均通过了显著性检验。结果显示，当其他条件不变时，本地区旅游资本每增长 1%时，能够使本地旅游经济（收入）增长 0.29%；本地旅游劳动力投入每增长 1%，本地旅游经济增长约 1.05%。

以上结果均说明西部各省份的旅游资本以及旅游劳动力的投入对西部地区旅游经济（收入）的作用为正，且劳动力投入对西部省份旅游经济的贡献大于资本对旅游经济（收入）的贡献。

五、稳健性检验

稳健性检验的作用是考察评价方法和指标解释能力的可靠性，看结论是否比较稳定。因为任何一种方法或者数据都会有缺点，所以要用其他数据或者其他方法来检验，以便相互佐证。同时，稳健性检验的主要目的是确定没有随机趋势或确定趋势，确定是否会产生“伪回归”问题，即是否存在数据的相关仅仅是因为二者随时间变化的同时具有相同的变动趋势。

所以为了对上文结果进行稳健性检验，我们对以上数据变量进行标准普通面板模型回归，结果如表 6-7 所示。

表 6-7　西部省份旅游经济函数标准面板计量模型估计结果

变量	固定效应	随机效应	个体固定效应	时间固定效应
C	0. 8069 (0. 551)	3. 8693 (0. 000)	0. 8069 (0. 280)	3. 9677 (0. 000)
lnK	0. 8449 (0. 076)	0. 2581 (0. 000)	0. 8449 (0. 000)	0. 2310 (0. 027)
lnL	1. 3933 (0. 056)	1. 0612 (0. 000)	1. 3933 (0. 000)	1. 0784 (0. 000)
R^2	0. 5892	0. 5779	0. 5892	0. 5761

以上传统标准面板计量模型估计结果显示，与标准面板计量模型相比空间面板计量模型有更大的 R^2，并且传统个体固定效应模型各系数估计值大于空间面板模型各系数的估计值，显然由于没有考虑空间溢出效应，传统面板计量模型高估了劳动和资本对西部地区旅游经济的产出弹性，但各变量回归系数结果也显著为正，表明其对旅游经济增长有显著的促进作用的基本结论十分稳健。

第五节　西部地区旅游经济及要素的空间溢出效应

一、西部地区旅游经济的空间相关性

对于西部地区旅游经济的相关指数——莫兰指数上文有所检验和阐述，本节进一步将西部地区旅游经济的空间莫兰指数变化趋势绘制在图 6-3 中，用以观测其变化趋势。

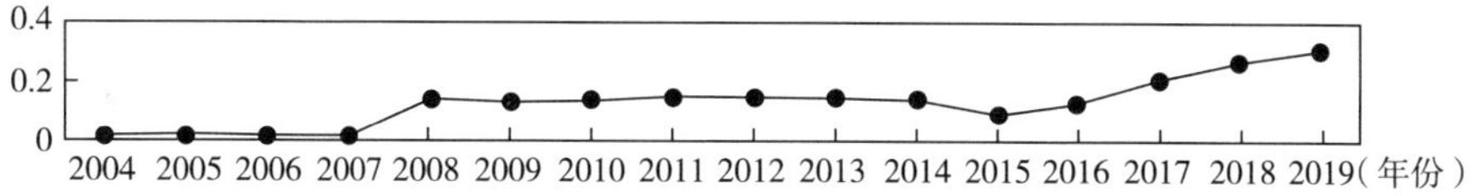

图 6-3　2004~2019 年西部地区旅游经济空间相关性指数变化

由图 6-3 可见，2004~2019 年西部地区旅游经济的空间相关性逐步加强，且是呈正相关关系，特别是 2015 年之后西部地区旅游经济的空间相关性明显加强，一直到 2019 年相关性最强。

二、西部地区旅游经济及其要素的空间溢出

通过莫兰指数得出西部地区旅游经济的发展具有空间相关性，然后利用空间计量回归模型实证检验西部地区旅游经济以及相关要素的空间溢出，以上过程检验回归结果均在上文有所体现，下面将总结分析如表 6-8 所示。

表 6-8　西部地区旅游经济函数空间滞后项

空间滞后项	系数值	p 值
Wy	0.2707	0.000
WlnK	-0.0501	0.750
WlnL	0.5981	0.000

首先对于西部旅游经济（收入）y 的空间溢出效应的判定，我们将利用空间滞后模型中因变量 y 的空间滞后因子 Wy 的空间滞后项系数值 $\rho=0.2707$（p 值=0.000）显著且为正，证实了西部省份旅游经济存在空间溢出效应。系数值为正说明西部地区区域内邻近省份旅游经济增长能够带动周边省份旅游经济的增长，邻近省份的旅游经济的确有空间上的正向溢出作用。

自变量资本、劳动力与经济的溢出效应判定方式不同，由于空间杜宾模型的自变量存在空间滞后项，因此不能仅通过表 6-8 中的点估计值反映自变量的边际效应，应综合考究自变量的直接效应、间接效应和总效应。直接效应是指本地区的自变量（包括本地区资本、劳动力等要素）对本地区的因变量（旅游经济）的平均影响；间接效应即空间溢出效应，是指邻近周边地区自变量（邻近地区的

资本、劳动力等要素）对本地区因变量（旅游经济）的平均影响；总效应表示本地区自变量对所有地区因变量（旅游经济）总的平均影响。为此可以将前文中的空间杜宾模型公式写成以下形式：

$$y_{ij}=(I-\rho W_{NT})^{-1}(X_{it}\beta+W_{NT})X_{it}\theta+(I-\rho W_{NT})^{-1}\alpha_i+(I-\rho W_{NT})^{-1}\lambda_i+(I-\rho W_{NT})^{-1}\zeta_{it}$$

被解释变量 y 对第 k 个解释 X 从地区 1 到地区 N 的偏导数为：

$$\left[\frac{\partial y}{\partial X_{ik}}\cdots\frac{\partial y}{\partial X_{nk}}\right]=\begin{bmatrix}\frac{\partial y_1}{\partial X_{1k}} & \cdots & \frac{\partial y_1}{\partial X_{nk}}\\ \vdots & \ddots & \vdots\\ \frac{\partial y_n}{\partial X_{1k}} & \cdots & \frac{\partial y_n}{\partial X_{nk}}\end{bmatrix}k=\begin{bmatrix}\beta_k & w_{12}\theta_k & \cdots & w_{1N}\theta_k\\ w_{21}\theta_k & \beta_k & \cdots & w_{2N}\theta_k\\ \vdots & \vdots & \cdots & \vdots\\ w_{N1}\theta_k & w_{N2}\theta_k & \cdots & \beta_k\end{bmatrix}$$

其中，w_{ij} 是 W_{NT} 矩阵的第（i，j）个元素。直接效应为右边矩阵对角线元素值和的平均值，间接效应为非对角线元素所有行和列元素和的平均值。借助这种方法可以将西部地区旅游劳动力投入、旅游固定资本投资对旅游经济影响的总效应分解为直接效应和间接效应，具体分解结果如表 6-9 所示。

表 6-9　西部省份旅游空间溢出效应分解

变量	直接效应	p 值	间接效应	p 值	总效应	p 值
lnK	0.2869	0.001	-0.0501	0.750	0.2368	0.177
lnL	1.0556	0.000	0.5981	0.000	1.6537	0.000

通过直接效应显示劳动力（ln*L*）系数为正且显著，表明西部地区劳动力（ln*L*）投入对本地区旅游经济的增长有驱动作用，即本地旅游劳动力投入对本地区的旅游经济会产生正向积极作用。通过间接效应显示劳动力投入（ln*L*）的系数为正且显著，表明西部地区旅游劳动力产生了显著的正的溢出效应，即邻近省份旅游劳动力投入会对周边地区旅游经济产生正向影响，即旅游业劳动力的投入会在西部地区内产生溢出效应。

固定资本（ln*K*）投入对本地区旅游经济的增长有驱动作用，但资本（ln*K*）的空间溢出效应不显著。通过直接效应显示固定资本投入（ln*K*）系数为正且显著，表明在西部区域内本地区旅游固定资本投入对本地区的旅游经济会产生正向积极作用。但通过固定资本投入（ln*K*）间接效应系数不显著，表明旅游固定资本投入（ln$K$）对邻近地区未产生明显的空间溢出效应。

总效应显示劳动力投入（ln$L$）的系数为正且显著，但固定资本投入（ln$K$）结果不显著，表明旅游劳动力投入对西部整个区域的旅游经济具有正向促进作用，旅游固定资本投入的作用较小或者不显著。

以上结果表明，在旅游要素的空间溢出效应方面，西部地区旅游劳动力投入会产生正向的空间溢出效应，对其邻近地区的旅游经济产生积极作用；西部地区旅游固定资本投资虽然对本地旅游经济产生了一定的推动作用，但未对其他地区产生明显的空间溢出效应。

第七章　文化资本对区域经济影响机制的实证分析

第一节　文化资本评价体系构建、测算与特征分析

一、文化资本评价体系构建

通过对学术界文化资本存量评价体系的回顾，本书以 Throsby 文化资本估算体系为框架，借鉴国内学者文化资本存量估算指标进行补充和完善。最终，构建以有形的文化资本和无形的文化资本为一级指标，每个一级指标下有五个二级指标的文化资本综合评估体系，并对它们做了可量化说明。

（一）评价指标的选取原则

在选取文化资本评价指标时，应以能够反映文化资本的内涵并进行合理的评价为标准。为了使研究更具有科学性，指标选取遵循以下三个原则：一是数据的可获得性，入选的指标必须能够量化，如文化创意类的指标，虽然能够鲜明地反映文化资本的内涵，但是在实际操作中难以获得，无法支撑后续的量化研究；二是数据的可解释性，指标必须有明确的逻辑关系能够表征文化资本，如果是无关指标，无疑会对研究的科学性打上问号；三是数据指标的科学性，选取的指标有充分的科学依据，以确保指标是可靠的。另外，指标的量纲和计算方法等都应该是科学明确的。

（二）评价体系指标选取及指标含义

根据上述对文化资本内涵的剖析，借鉴前人对文化资本评价体系的研究成果，遵照指标的选取原则，构建了文化资本存量水平评价指标体系，指标体系是

以两个一级指标和十个二级指标组成的多层次指标体系：一级指标是有形的文化资本和无形的文化资本；二级指标分别是文物业藏品数量、文化机构数量、文化产业收入、规模以上文化相关产业企业法人数、文化机构就业人数、人均文化娱乐消费、群众文化机构组织文艺活动次数、本科生人数、专利授权数、公共预算文体与传媒支出。

有形的文化资本主要是指被人们使用和消费，满足人们文化需求，含有文化价值，被生产出的产品。这类产品需要特定的人力，按照特定的标准，在特定的设施中完成生产、再生产等一系列活动。有形的文化产品一方面需要通过市场文化产业中的文化制造业、文化服务业和文化批发零售业等创造总的价值，另一方面需要相关从业人员的创造和劳动，在文化机构以及其他场所中实现文化产业价值增加，因此将文物业藏品数量、文化机构数量、文化产业收入、规模以上文化相关产业企业法人数和文化机构就业人数作为有形的文化资本的二级指标。

无形的文化资本包含精神层面的文化资本和制度层面的文化资本，精神层面的文化资本是通过教育与后期环境带来的教养，逐渐内化在身体上的一部分知识、能力、品位等。因此，受教育水平是这部分的突出体现。后期环境则是在集体中形成或通过集体智慧创造的社会风气和风貌，即为另一种形态的精神文化资本，由于社会风气和风貌较难直接地进行测算和量化，因此采用间接的方法来衡量，其中文化活动是社会文化风貌的一种表现，因为只有社会受到文化氛围的熏陶，才会衍生出相应的活动。个体具备的文化欣赏能力则表现在文化消费上。制度文化资本是指主体的文化能力被赋予的认证、认可或者资格授权后的存在形式，其背后隐藏着的则是体制权力，犹如政府组织制定的政策制度，是对文化活动顺利进行而提供的制度性保障和政策性支持，其本质就是具有文化属性的资源。专利是其中的一种，能反映其文化创造力。另外，政府对文化事业的支持，虽然存在一定的滞后性，但从我国的现实情况来看，政府通过财政上的支持可以产生十分重要的影响，最终带来增值。因此将人均文化娱乐支出、群众文化机构组织文艺活动次数、本科生人数、专利授权数和公共预算文体与传媒支出作为无形的文化资本的二级指标。综合以上考虑，本章的文化资本测度指标体系如表7-1 所示。

表 7-1 文化资本测算指标体系

一级指标	二级指标	说明	代表性学者
有形的文化资本	文化藏品	文物业藏品数量	刘改芳等（2017）、周云波等（2009）、丁润清（2020）、操志强（2015）、聂佃忠等（2021）
	文化机构	文化机构数量	陆正华等（2012）、操志强（2015）、丁润清（2020）、刘改芳等（2017）、王韵迪（2018）
	文化产业	文化产业收入	
	文化商品	规模以上文化相关产业企业法人数	单康康（2016）、丁润清（2020）
	文化就业	文化机构就业人数	UNESCO（2005）、陆正华等（2012）、许德金（2013）、操志强（2015）、丁润清（2020）、聂佃忠等（2021）、周云波等（2009）
无形的文化资本	文化消费	人均文化娱乐消费	UNESCO（2005）、Robette 和 Roueff（2014）、周云波等（2009）、丁润清（2020）、季凯文等（2021）、操志强（2015）
	文化活动	群众文化机构组织文艺活动次数	Zweigenhaft（1993）、陈国民（2011）、丁润清（2020）、聂佃忠等（2021）、季凯文等（2021）
	文化教育	本科生人数	丁润清（2020）、季凯文等（2021）
	文化创新	专利授权数	徐静等（2016）、丁润清（2020）、刘改芳等（2017）、聂佃忠等（2021）
	文化支持	公共预算文体与传媒支出	Patterson（2008）、陈国民（2011）、许德金（2013）、操志强（2015）、季凯文等（2021）、周云波等（2009）

二、文化资本存量的测算

（一）数据来源及处理

文化资本存量评价指标体系中所涉及的所有指标原始数据均来自《中国统计年鉴》（2015~2019 年），具有权威性和完整性，其中文化机构的数量由公共图书馆、群众艺术馆、文化馆、文化站、博物馆、艺术表演团体和艺术表演场的数量加总得到的，文化机构就业人数以上述各个机构就业人数总和表示，文化产业收入以文化制造业、文化服务业和文化批发和零售业的收入求和得到，能够科学地满足研究的需要。

（二）测算方法

研究使用熵权法测算文化资本存量水平，文化资本存量水平评价体系是不同的指标构成的一个整体，每个指标对于文化资本存量整体的重要程度不同，权重也就有所不同，首先必须解决各个指标的权重问题。学术界关于权重的计算方法主要有两大类：一是主观赋权法，包括德尔菲法和层次分析法等，主观性赋权方法虽然有一定的科学性，但难以令人信服。二是客观赋权法，包括因子分析法、永续盘存法和熵权法，其中，因子分析法的缺陷是将基础数据指标浓缩成几个指标，很多信息会丢失，而且浓缩后的指标含义不清晰；而永续盘存法的使用受到一定的限制，熵权法根据数据离散程度，利用信息熵确定指标熵权，再通过各项指标对熵权进行修正得到最终的指标权重，是一种较为客观和准确的综合评价方法。其主要步骤如下：

步骤 1：构建文化资本评价体系原始指标数据矩阵。本书选取 2015~2019 年我国 31 个省份（不包括港澳台地区）的数据整合为面板数据，以每年每个省份为一行，共有 m 行，每个评价指标为一列，共有 n 列，2015~2019 年 m 个省份的 n 个评价指标数据构成原始指标数据矩阵 $X=(x_{ij})_{m\times n}$。

$$X=\begin{bmatrix} x_{11} & x_{12} & \cdots & x_{1n} \\ x_{21} & x_{22} & \cdots & x_{2n} \\ \vdots & \vdots & \ddots & \vdots \\ x_{m1} & x_{m2} & \cdots & x_{mn} \end{bmatrix}$$

步骤 2：数据矩阵标准化。要使不同的年度之间可以相互比较文化资本的变动水平，参考刘军等（2020）的研究，使用线性无量纲法中的阈值法进行数据标准化，且评价体系中各指标均是越大越好，计算公式为如下：

极大型指标标准化：

$$X_{ij}=\frac{x_{ij}-\min(x_{ij})}{\max(x_{ij})-\min(x_{ij})}\times 6+1$$

得到标准化矩阵：

$$Y=\begin{bmatrix} Y_{11} & Y_{12} & \cdots & Y_{1n} \\ Y_{21} & Y_{22} & \cdots & Y_{2n} \\ \vdots & \vdots & \ddots & \vdots \\ Y_{m1} & Y_{m2} & \cdots & Y_{mn} \end{bmatrix}$$

步骤 3：确定评价指标权重，以 2015~2019 年各省份的文化指标体系形成整体的数据矩阵，经标准化后应用下列公式计算各指标的熵值 E_j 和权重 W_j。

$$E_j = -\frac{1}{\ln 5m}\sum_{i=1}^{5m} Y_{ij}\ln Y_{ij}$$

$$W_j = \frac{1 - E_j}{\sum_{j=1}^{n}(1 - E_j)}$$

步骤4：根据熵权法得到各一级指标的权重，用 ω_1，ω_2，…，ω_{10} 表示，文化资本存量用CC表示，各省份文化资本综合评价函数就可以表示为：

$$CC_m = \sum_{i=1}^{m} X_{ij}W_j(i = 1, 2, \cdots, m \quad j = 1, 2, \cdots, 10)$$

（三）文化资本存量评估

通过前文的计算方法进行计算，就可以得到每一年的文化资本存量，包括有形的文化资本存量和无形的文化资本存量。其中，文化资本存量水平评价体系中各一级指标的权重如表7-2所示。

表7-2 文化资本二级指标权重

文化藏品	文化机构	文化产业	文化商品	文化就业	文化消费	文化活动	文化教育	文化创新	文化支持
0.143	0.089	0.165	0.131	0.086	0.038	0.076	0.086	0.109	0.078

可以看出，文化资本中文化产业权重最高，为0.165，说明文化产业创造的价值对文化资本影响很大，其次是文化藏品为0.143，说明有形的文化藏品进行开发利用，进入生产环节，生产出文化产品，对提升各省份文化资本存量水平有重要作用。

对2015~2019年我国（不包括港澳台地区）文化资本存量水平进行测算，得到各省份文化资本存量总和评分情况，如表7-3所示。

表7-3 2015~2019年我国各省份（不包括港澳台地区）文化资本存量评分

省份	2015年	2016年	2017年	2018年	2019年
	得分	得分	得分	得分	得分
北京	3.452	3.606	3.930	4.143	4.400
天津	1.733	1.780	1.808	1.870	1.872
河北	2.213	2.287	2.317	2.339	2.468

续表

省份	2015 年	2016 年	2017 年	2018 年	2019 年
	得分	得分	得分	得分	得分
山西	1.929	2.006	2.108	2.229	2.247
内蒙古	1.688	1.740	1.788	1.848	1.908
辽宁	2.052	2.087	2.027	2.016	2.098
吉林	1.541	1.586	1.644	1.658	1.638
黑龙江	1.729	1.801	1.812	1.813	1.822
上海	3.263	3.404	3.706	3.726	3.842
江苏	4.307	4.424	4.511	4.398	4.660
浙江	3.551	3.784	3.948	4.219	4.542
安徽	2.538	2.600	2.806	2.882	2.898
福建	2.176	2.197	2.357	2.440	2.503
江西	1.910	1.926	1.977	2.083	2.172
山东	3.565	4.050	4.247	4.229	4.235
河南	2.992	3.019	3.325	3.362	3.548
湖北	2.420	2.492	2.683	2.728	2.942
湖南	2.545	2.667	2.536	2.722	2.824
广东	4.039	4.456	4.745	4.902	5.409
广西	1.717	1.652	1.665	1.689	1.773
海南	1.095	1.122	1.162	1.244	1.263
重庆	1.815	1.835	1.975	2.055	2.106
四川	3.334	3.472	3.514	3.730	3.850
贵州	1.530	1.599	1.647	1.650	1.680
云南	1.910	1.992	2.000	2.041	2.155
西藏	1.137	1.175	1.188	1.208	1.240
陕西	2.455	2.404	2.794	2.792	2.895
甘肃	1.622	1.633	1.699	1.696	1.770
青海	1.140	1.157	1.155	1.157	1.193
宁夏	1.143	1.144	1.219	1.226	1.235
新疆	1.641	1.659	1.696	1.647	1.767
全国	2.264	2.347	2.451	2.508	2.611

对2015~2019年我国（不包括港澳台地区）有形的文化资本和无形的文化资本进行计算，得到各省份有形的文化资本和无形的文化资本评分情况，如表7-4所示。

表7-4　2015~2019年我国各省份（不包括港澳台地区）有形的文化资本和无形的文化资本评分

省份	2015年		2016年		2017年		2018年		2019年	
	有形的文化资本	无形的文化资本	有形的文化资本	无形的文化资本	有形的文化资本	无形的文化资本	有形的文化资本	无形的文化资本	有形的文化资本	无形的文化资本
北京	2.063	1.389	2.140	1.467	2.394	1.535	2.497	1.647	2.653	1.747
天津	1.024	0.709	1.023	0.758	1.003	0.805	1.028	0.842	1.016	0.856
河北	1.331	0.882	1.390	0.897	1.391	0.926	1.308	1.031	1.368	1.099
山西	1.196	0.733	1.266	0.740	1.341	0.767	1.407	0.822	1.392	0.855
内蒙古	0.941	0.747	0.977	0.762	0.982	0.806	1.036	0.813	1.050	0.858
辽宁	1.115	0.937	1.095	0.991	1.059	0.967	1.063	0.952	1.121	0.978
吉林	0.849	0.692	0.871	0.715	0.919	0.725	0.923	0.735	0.901	0.737
黑龙江	0.988	0.741	1.042	0.759	1.047	0.764	1.050	0.763	1.025	0.797
上海	2.056	1.208	2.106	1.298	2.284	1.423	2.253	1.473	2.347	1.495
江苏	2.655	1.652	2.835	1.590	2.899	1.612	2.717	1.680	2.721	1.939
浙江	2.112	1.439	2.290	1.494	2.404	1.544	2.478	1.741	2.631	1.911
安徽	1.623	0.915	1.725	0.875	1.915	0.891	1.898	0.984	1.856	1.042
福建	1.343	0.833	1.391	0.805	1.468	0.889	1.523	0.917	1.588	0.915
江西	1.180	0.730	1.219	0.707	1.270	0.707	1.284	0.799	1.282	0.890
山东	2.218	1.347	2.709	1.340	2.829	1.418	2.691	1.537	2.566	1.669
河南	2.012	0.981	2.096	0.923	2.339	0.987	2.289	1.073	2.330	1.218
湖北	1.470	0.950	1.502	0.990	1.596	1.087	1.621	1.107	1.788	1.154
湖南	1.578	0.966	1.688	0.979	1.494	1.042	1.689	1.033	1.729	1.095
广东	2.515	1.524	2.706	1.750	2.868	1.877	2.830	2.071	3.084	2.325
广西	0.974	0.743	0.956	0.696	0.965	0.699	0.975	0.714	0.964	0.810
海南	0.634	0.461	0.651	0.471	0.659	0.503	0.680	0.563	0.692	0.571
重庆	1.108	0.707	1.116	0.719	1.227	0.748	1.272	0.784	1.302	0.804
四川	2.182	1.152	2.383	1.089	2.405	1.109	2.439	1.291	2.455	1.395
贵州	0.880	0.650	0.948	0.650	0.950	0.697	0.953	0.697	0.966	0.714

续表

省份	2015年		2016年		2017年		2018年		2019年	
	有形的文化资本	无形的文化资本	有形的文化资本	无形的文化资本	有形的文化资本	无形的文化资本	有形的文化资本	无形的文化资本	有形的文化资本	无形的文化资本
云南	1.178	0.732	1.231	0.761	1.256	0.744	1.264	0.777	1.303	0.852
西藏	0.720	0.417	0.753	0.422	0.745	0.444	0.750	0.457	0.757	0.483
陕西	1.544	0.911	1.553	0.852	1.886	0.909	1.912	0.880	1.969	0.927
甘肃	0.986	0.636	0.999	0.634	1.024	0.675	1.048	0.648	1.047	0.723
青海	0.665	0.475	0.676	0.481	0.652	0.503	0.660	0.497	0.669	0.523
宁夏	0.635	0.508	0.632	0.513	0.697	0.522	0.712	0.514	0.692	0.543
新疆	0.850	0.791	0.861	0.798	0.863	0.832	0.871	0.776	0.882	0.885
全国	1.375	0.889	1.446	0.901	1.511	0.941	1.520	0.988	1.553	1.058

三、文化资本存量的特征

总体来看，2015~2019年我国（不包括港澳台地区）总体文化资本存量如图7-1所示。从图7-1可以看出，我国文化资本存量水平呈稳定增长的趋势，与2015年相比，2019年文化资本水平增长了15.4%，文化资本增速比较稳定，约为3.6%。有形的文化资本和无形的文化资本也呈现出比较稳定的增长趋势，增长水平与增长速度与总体文化资本接近，表明我国文化资本存量水平有稳定增长态势，有很大的上升空间。

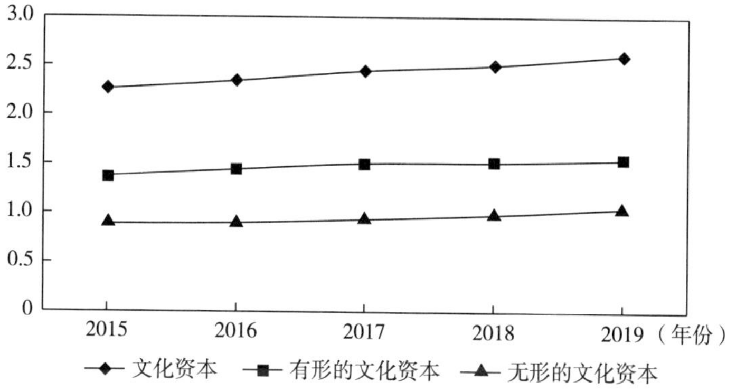

图7-1　2015~2019年我国（不含港澳台地区）总体文化资本存量

从各省份来看，2015~2019 年北京、浙江、山东、江苏和广东的文化资本存量水平处于领先水平，依次是 3.906、4.009、4.065、4.460、4.710，文化资本存量较高，处于第一梯队；上海、安徽、河南、湖北、湖南、四川和陕西文化资本存量高于全国平均值，处于第二梯队。全国平均值是 2.436，仍然有 19 个省份低于全国平均水平，占总数的 61%。从波动情况来看，整体文化资本存量水平稳定增长，其中，内蒙古、江西、湖北和海南的文化资本存量水平增长幅度较大，辽宁、湖南、青海和宁夏文化资本存量水平增长幅度较小。

2015~2019 年各省份（不包括港澳台地区）平均文化资本存量如图 7-2 所示，可以看出，北京、浙江、山东、江苏和广东文化资本存量水平远远超过其他省份，其中广东（4.710）是青海（1.160）的 4.06 倍，这也表明区域文化资本存量存在差异性问题，呈现出两极分化的趋势。

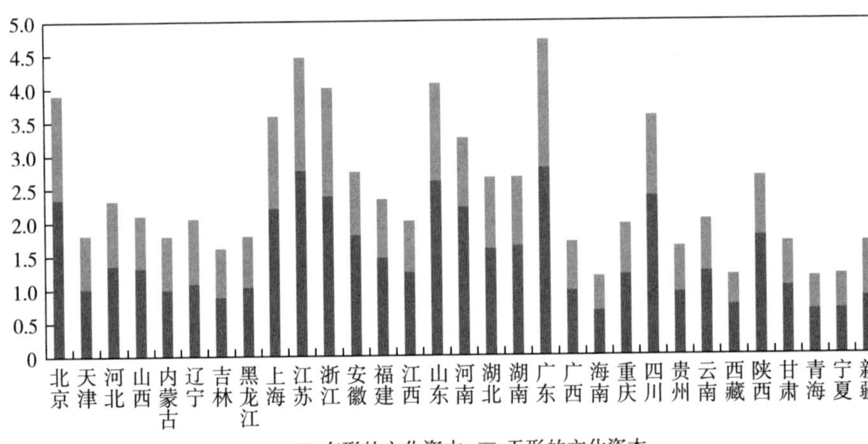

图 7-2　2015~2019 年各省份（不包括含港澳台地区）平均文化资本存量

以上分析表明，总体上我国文化资本存量水平存在稳定增长的趋势，但总体文化资本存量水平偏低；我国省际之间文化资本存量水平差异较大，存在两极分化的现象。

第二节 研究设计

一、模型设定

在计量模型的选择上，面板数据能够体现出截面特征与时间序列特征，可以反映个体差异性以及动态的变化情况，因此本书选择面板回归模型。依据第三种文化资本对区域经济增长的理论假设，以前文测算的各省市自治区的文化资本存量水平作为解释变量，区域经济增长为被解释变量，以物质资本、人力资本、政府干预、对外开放程度、城镇化率和基础设施建设作为控制变量，探究文化资本对区域经济增长的影响，同时为了有效地缓解异方差和共线性问题，对部分变量进行对数化处理，设立平衡面板回归模型。首先构建以下基准检验模型：

$$\ln PGDP_{it} = \alpha \ln CC_{it} + \sum_{i=1}^{6} \beta_i X_{it} + \mu_i + \gamma_t + \sigma_{it}$$

其中，下标 i 和 t 表示第 i 省份和第 t 时期；$\ln PGDP_{it}$ 表示区域经济发展水平；$\ln CC_{it}$ 表示文化资本存量；X_{it} 为一系列控制变量；μ_i 为地区固定效应，γ_i 为时间固定效应，σ_{it} 为随机扰动项。研究对象为我国 30 个省份，因数据缺失较多，剔除西藏和我国香港、澳门、台湾地区；研究区间为 2015~2019 年。

中介性检验以温忠麟和叶宝娟（2014）的“中介效应”模型为代表，逻辑步骤如图 7-3 所示。第一步，检验解释变量 X 是否对被解释变量 Y 有影响，其中，c 为解释变量 X 对被解释变量 Y 的总效应；第二步，检验中介变量 M 是否对被解释变量 Y 有影响，其中，a 为解释变量 X 对中介变量 M 的效应；如果前两步成立，则进行第三步，检验解释变量 X 是否通过影响变量 M 而对 Y 产生影响；如果变量 M 通过显著性检验，则称 M 为中介变量。其中，b 是在控制了解释变量 X 后，中介变量 M 对被解释变量 Y 的效应；$c1$ 是在控制了中介变量 M 后，解释变量 X 对被解释变量 Y 的直接效应，中介效应等于间接效应 $a \times b$；ε 是扰动项。具体作用如下：

$$Y = cX + \varepsilon_1$$

$M = aX + \varepsilon_2$

$Y = c_1 X + bM + \varepsilon_3$

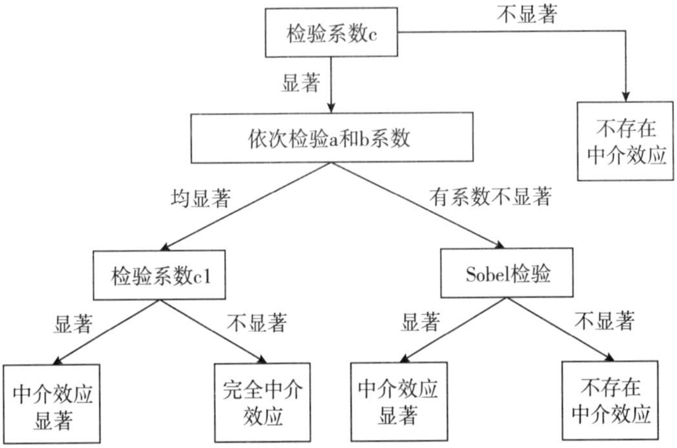

图 7-3　中介效应模型检验流程

研究利用前文提出的中介效应模型，考察文化资本对区域经济增长的影响机制。计量模型设定如下：

$$\ln PGDP_{it} = \alpha_1 \ln CC_{it} + \sum_{i=1}^{n} \beta_i X_{it} + \mu_i + \gamma_t + \sigma_{it}$$

$$\ln PGDP_{it} = b_1 MID_{it} + \sum_{i=1}^{n} \beta_i X_{it} + \mu_i + \gamma_t + \sigma_{it}$$

$$\ln PGDP_{it} = \alpha_2 \ln CC_{it} + b_2 MID_{it} + \sum_{i=1}^{n} \beta_i X_{it} + \mu_i + \gamma_t + \sigma_{it}$$

其中，MID 为中介变量，包括产业结构高级化 AIS 和全要素生产率 TFP。

二、变量选取及数据来源

本书实证研究的被解释变量以各省份的实际人均国民生产总值的对数表示，核心解释变量包括文化资本存量、有形的文化资本和无形的文化资本。同时，还加入了一系列已经被证实对经济增长有显著影响的控制变量，下面逐一对指标选取进行简要说明。

（一）被解释变量

各省份的实际人均国民生产总值的对数（lnPGDP），地区人均生产总值综合考量了地区生产水平和人均收入水平，是衡量区域经济发展水平较为合适的指标，研究为了消除价格波动的影响，以 2000 年为基准进行价格平减得到，用 ln-PGDP 表示。

（二）核心解释变量

文化资本存量的对数（lnCC），使用之前测算获得的文化资本衡量各地区文化资本存量水平。有形的文化资本存量的对数（lnTCC）和无形的文化资本存量的对数（lnICC），使用之前测算获得的文化资本衡量各地区文化资本存量水平。

（三）中介变量

产业结构高级化（AIS），产业结构高级化的内涵是劳动生产率的提高使产业结构比例关系向高级化演进（刘军等，2020），参考刘伟等（2008）和韩永辉等（2017）的做法，用各部门生产率和劳动生产率的乘积来表示，计算方法为：

$$AIS_{ij} = \sum_{i=1}^{n} (Y_{it}/Y_t)(LP_{it}/LP_{if})$$

其中，Y_{it}/Y_t 是 i 产业在 t 时的产出与总产出的比值，其中 LP_{it}/LP_{if} 是 i 产业在 t 时的劳动生产率与完成工业化后的生产率（刘伟等，2008；韩永辉等，2017）。

全要素生产率（TFP），全要素生产率是要素投入产出的效率，其计算方法有数十种，本书参考张凌洁和马立平（2022）的计算方法，使用 DEA 模型的 Malmquist 指数衡量我国各省份全要素生产率。

（四）控制变量

（1）人均物质资本存量的对数（lnPMC）。物质资本存量一直被认为是最核心的生产要素，本书借鉴张军等估算物质资本存量的方法（张军等，2004），得到 2015~2019 年的省际物质资本存量，人均后取对数。

（2）人力资本存量对数（lnHC）。Thomas 等（2002）认为，以教育成就阶段作为计算的单位，而平均受教育年限能够很好地反映教育成就阶段，许多学者通过平均受教育年限和就业人数相乘得到人力资本存量。彭国华（2007）通过对中国 28 个省际区域数据的实证研究发现，具有高等教育程度的人力资本才会对地区全要素生产率有显著的推动作用，因此，本书以各省份高等学校平均在校生数占各省份总人口的比重作为人力资本的替代变量。

(3) 城镇化率（URBAN）。城镇化是社会发展的必然趋势，城镇化水平的上升能够加快各种生产要素积累，优化资源配置，进而推动经济增长。研究借鉴王小鲁（2010）选择城镇人口占总人口的比重来表示城镇化水平。

(4) 政府干预程度（GOV）。市场竞争是资源配置的主要手段，但存在市场失灵的情况，政府必须利用无形的手进行宏观调控，对经济的影响不容忽视，借鉴郑世林等（2014）的方法，选取财政预算支出占区域 GDP 比重表征政府对宏观经济的干预程度。

(5) 基础设施建设（INF）。健全的基础设施可以直接地促进本地区经济增长和减低交易成本，选择各省等级公路总里程除以各省人口表示基础设施建设程度。

(6) 对外贸易（OPEN）。对外贸易意味着该区域与其他区域在产品、货物等方面进行交换和流通，有利于技术和资本的扩散，对区域经济发展有显著的促进作用，选择张勋等（2018）的做法，用各地区当年进出口总额乘以汇率除以各地区生产总值来表示。各变量名称、计算方法及符号如表 7-5 所示。

表 7-5 变量说明

变量类型	变量名称	具体指标测算方法及来源	代表符号
被解释变量	区域经济增长	以 2000 年为基期计算各地区人均实际生产总值的对数值	lnPGDP
核心解释变量	文化资本	前文文化指标体系计算获得并取对数	lnCC
	有形的文化资本	前文文化指标体系计算获得并取对数	lnPCC
	无形的文化资本	前文文化指标体系计算获得并取对数	lnICC
中介变量	产业结构高级化	参考刘伟和韩永辉的做法并取对数	lnAIS
	全要素生产率	参考张凌洁和马立平（2022）的算法并取对数	lnTFP
控制变量	物质资本存量	参考张军等（2004）的算法，人均物质资本存量变量取对数	lnPMC
	人力资本存量	各地区高等学校平均在校生数/各地区总人口	lnHC
	城镇化率	各地区城镇人口/各地区总人口	URBAN
	政府干预程度	公共财政预算支出/各地区生产总值	GOV
	基础设施建设	等级公路总里程/各地区中人口	INF
	对外贸易	进出口总额×汇率/各地区生产总值	OPEN

以上研究对象的数据主要来自《中国统计年鉴》和国家统计局数据库，所选数据样本期为 2015~2019 年，部分缺失数据通过各省的统计公报进行补充。主要变量的描述性统计结果如表 7-6 所示。

表 7-6　变量描述性统计

变量名	观测值	平均值	标准误差	最小值	最大值
lnPGDP	150	10.44	0.428	9.609	11.55
lnCC	150	0.828	0.396	0.0906	1.688
lnPCC	150	0.314	0.437	-0.460	1.126
lnICC	150	-0.0925	0.353	-0.775	0.844
lnAIS	150	0.298	0.342	-0.222	1.655
lnTFP	150	0.419	0.568	-1.645	1.065
lnPMC	150	11.77	0.395	10.97	12.75
lnHC	150	7.859	0.252	7.151	8.579
URBAN	150	59.82	11.07	42.01	88.30
GOV	150	0.259	0.103	0.120	0.628
INF	150	1.400	2.377	0.105	16.46
OPEN	150	0.239	0.248	0.0126	1.114

第三节　实证分析

一、基准模型回归分析

使用静态面板模型回归通常有两种方法：一是混合 OLS 回归，即把面板数据看作截面数据，用普通 OLS 的方法进行估计。二是传统的面板计量模型方法，分为固定效应和随机效应模型。首先，使用混合回归法对基准模型进行回归，加入控制变量后进行检验，初步检验文化资本对经济增长的影响。其次，通过固定效应 F 检验对混合 OLS 模型与固定效应模型进行筛选，研究结果显示 F 值为 277，拒绝原假设，放弃混合 OLS 模型，选择固定效应模型；学术界通常使用 Hausman 检验对固定效应和随机效应模型进行选择，研究将影响区域经济增长的自变量和控制变量都纳入 Hausman 检验，检验结果表明固定效应模型优于随机效应，因此研究所使用的面板回归分析都是基于个体固定效应模型进行的。利用 Stata15.0 对模型基准检验得到结果如表 7-7 所示。

表 7-7　基准回归结果

变量	模型 1	模型 2	模型 3	模型 4	模型 5
	lnPGDP	lnPGDP	lnPGDP	lnPGDP	lnPGDP
lnCC	1.425*** (17.87)	0.540*** (7.86)	0.426*** (8.81)	0.431*** (7.62)	0.426*** (8.81)
lnPMC		0.408*** (11.29)	0.294*** (8.94)	0.294*** (8.29)	0.294*** (8.94)
lnHC		0.338*** (6.03)	0.114** (2.34)	0.134*** (2.68)	0.114** (2.34)
URBAN			0.019*** (7.64)	0.019*** (7.02)	0.019*** (7.64)
GOV			0.320*** (2.95)	0.354*** (3.04)	0.320*** (2.95)
OPEN			0.063 (0.97)	0.071 (1.01)	0.063 (0.97)
INF			-0.005 (-0.97)	-0.009 (-1.59)	-0.005 (-0.97)
_cons	9.262*** (139.98)	2.542*** (6.37)	4.514*** (10.88)	4.366*** (10.36)	4.514*** (10.88)
N	150	150	150	150	150
R^2	0.729	0.925	0.956	0.956	0.956
控制地区	是	是	否	是	否
控制时间	否	否	否	否	是

注：*、**、***分别表示在 10%、5%、1%水平下显著，括号内为 t 值，本章下同。

表 7-7 展示了基准回归结果，从模型 1、模型 3 和模型 4 的回归结果来看，随着控制变量的加入，回归方程的解释力也在增加，在一定程度上表明本书选取的控制变量具有一定的合理性，文化资本对区域经济增长影响的系数为正保持不变，且通过了 1%的显著性水平检验，表明文化资本能够显著稳定地促进区域经济增长。模型 1 中文化资本对区域经济增长的回归系数为 1. 425，且通过了 1%的显著性水平检验，说明文化资本要素每增长 1 个单位，可以带动区域经济增长 1. 425 个单位，然后加入其他控制变量，各变量的回归结果逐渐稳定，模型系数稳定在 0. 43 左右，说明控制其他因素后，文化资本每增加 1 个单位带动区域经济增长 0. 43 个单位，且在一定程度上表明本书的研究结论具有一定的稳定性，验证了本书提出的 H1，与相关文献得出的结论相符，说明区域进一步提升文化资本水平，能使其成为经济增长的强劲动力。

在控制变量中，政府干预对区域经济增长具有正向作用，可能是政府干预市场，解决了市场失灵的问题，促进了资源的合理配置，进而促进了区域经济增长。城镇化率由于要素的集聚可以显著地促进区域经济增长。人均物质资本存量和人均人力资本存量也显著地促进区域经济增长，这与理论是相符合的。

总体来看，文化资本能够促进区域经济增长，这与现有学术界的研究结论一致，验证了 H1。然而，学术界对文化资本通过什么机制促进经济发展、文化资本对不同区域有什么影响、不同文化资本对区域经济如何影响探讨得较少。基于上述的研究结论，后续试图对文化资本促进经济增长的影响机制做出进一步探讨，论证文化资本能否通过促进产业结构升级和提高全要素生产率而促进经济增长。

二、稳健性检验

前文的实证结果初步验证了文化资本能显著促进区域经济增长，考虑到模型有设定偏误等因素的存在，从而有导致估计出现偏差的可能，需要对其进行稳健性检验。依次通过两种方法进行稳健性检验：一是替换变量法。模型 6 中对解释变量进行替换，由于一个省份的公共预算文体与传媒支出能够在一定程度上转化为区域文化资本，因此用其替代文化资本，用 sv 表示。模型 7 中对被解释变量进行了替换，基准模型中的被解释变量用各区域人均实际生产总值的对数表示，本书将其替换为各区域名义生产总值的对数，用 lngdp 表示。二是缩尾处理。模型 8 通过剔除离群数值改变数据集的方法重新回归。基准回归稳健性检验结果如表 7-8 所示。

表 7-8　基准回归稳健性检验结果

变量	模型 6	模型 7	模型 8
	lnPGDP	lngdp	lnPGDP
sv	0.088*** (4.21)		
lnCC		0.728*** (6.86)	0.431*** (7.62)
lnPMC	0.366*** (9.54)	0.112* (1.69)	0.294*** (8.29)
lnHC	0.035 (0.60)	0.268*** (2.87)	0.134*** (2.68)
URBAN	0.024*** (8.32)	0.030*** (6.00)	0.019*** (7.02)
GOV	0.274** (2.04)	-2.706*** (-12.40)	0.354*** (3.04)
OPEN	0.103 (1.25)	-0.290** (-2.20)	0.071 (1.01)
INF	-0.017** (-2.46)	0.019* (1.86)	-0.009 (-1.59)
_cons	3.859*** (8.14)	4.867*** (6.15)	4.366*** (10.36)
N	150	150	150
R^2	0.943	0.924	0.956
F	265.309	196.104	352.261

通过基准回归模型稳健性检验结果可以看出，文化资本均通过了 1%的显著性水平检验，表明文化资本促进区域经济增长具有稳健性，结论具有可靠性。

三、异质性分析

基准回归分析表明文化资本能够促进经济增长，考虑到前文分析得出的文化资本存量水平存在区域性差异以及我国经济发展水平的区域两极分化现象，这种差异性是否会对文化资本促进区域经济增长的回归结果产生影响，有必要进行进一步分析。本书按照经济发展状况设立两组进行对比，以人均生产总值前五位为经济强组，以人均生产总值后五位为经济弱组，以两组样本进行估计，回归结果为表 7-9 中的模型 9 和模型 10。从结果来看，文化资本系数为正但大小不同，均通过了 10%的显著性水平检验，说明不同经济发展水平的区域文化资本对经济增长产生的影响不同，经济相对落后省份文化资本的增长效应强于经济较为发达省份和经济发达省份文化资本的增大效应，经济相对落后地区文化资本的规模报酬作用更强。

根据前文分析可知，文化资本存在异质性，代表两种特征的有形的文化资本和无形的文化资本是否会对区域经济产生影响。通过表 7-9 中的模型 11 和模型 12 可以看出，无论是有形的文化资本，还是无形的文化资本，均会对区域经济增长做出贡献，验证了 H2 和 H3。

表 7-9 异质性分析回归结果

变量	模型 9	模型 10	模型 11	模型 12
	lnPGDP	lnPGDP	lnPGDP	lnPGDP
lnCC	0.202*** (4.75)	0.449* (1.91)		
lnPCC			0.296*** (5.42)	
lnICC				0.241*** (5.76)
lnPMC	0.652*** (17.87)	0.232** (2.25)	0.325*** (8.51)	0.332*** (8.92)
lnHC	0.106** (2.32)	0.136 (0.82)	0.183*** (3.19)	0.019 (0.35)

续表

变量	模型 9	模型 10	模型 11	模型 12
	lnPGDP	lnPGDP	lnPGDP	lnPGDP
URBAN	0.006**	0.024***	0.020***	0.023***
	(2.74)	(3.05)	(6.71)	(8.18)
GOV	0.007	-0.036	0.440***	0.246*
	(0.04)	(-0.15)	(3.42)	(1.94)
OPEN	0.040	0.531	0.028	0.083
	(1.20)	(1.54)	(0.37)	(1.09)
INF	-0.540***	1.187*	-0.005	-0.010*
	(-3.99)	(1.86)	(-0.79)	(-1.72)
_cons	2.369***	4.129*	3.793***	4.985***
	(5.24)	(2.14)	(8.36)	(10.04)
N	25	25	150	150
R^2	0.998	0.976	0.947	0.949
F	867.247	74.032	290.465	298.637

四、中介模型回归分析

文化资本存量水平对区域经济发展有正向影响，文化资本的增加会引起经济的增长。为进一步检验文化资本对经济增长的影响机制，进行中介效应模型回归，回归结果如表 7-10 所示。

表 7-10　文化资本影响经济增长中介效应检验结果

变量	模型 13	模型 14	模型 15	模型 16	模型 17
	lnPGDP	lnAIS	lnPGDP	lnTFP	lnPGDP
lnCC	0.552***	0.506***	0.440***	2.507**	0.499***
	(8.60)	(4.17)	(7.00)	(2.43)	(8.02)
lnAIS			0.222***		
			(4.90)		
lnTFP					0.021***
					(3.84)

续表

变量	模型 13	模型 14	模型 15	模型 16	模型 17
	lnPGDP	lnAIS	lnPGDP	lnTFP	lnPGDP
lnPMC	0. 439***	0. 349***	0. 362***	3. 821***	0. 358***
	(12. 82)	(5. 39)	(10. 34)	(6. 94)	(9. 28)
lnHC	0. 293***	0. 053	0. 282***	-3. 991***	0. 378***
	(5. 54)	(0. 53)	(5. 83)	(-4. 69)	(6. 91)
GOV	0. 454***	1. 190***	0. 191	4. 619**	0. 357***
	(3. 30)	(4. 57)	(1. 39)	(2. 08)	(2. 69)
OPEN	0. 135	0. 005	0. 134*	-0. 372	0. 143*
	(1. 63)	(0. 03)	(1. 78)	(-0. 28)	(1. 83)
INF	-0. 008	0. 004	-0. 009	-0. 126	-0. 006
	(-1. 31)	(0. 29)	(-1. 57)	(-1. 21)	(-0. 95)
_cons	2. 377***	-4. 959***	3. 476***	-16. 187***	2. 719***
	(6. 38)	(-7. 04)	(8. 54)	(-2. 70)	(7. 49)
N	150	150	150	150	150
R^2	0. 937	0. 716	0. 948	0. 588	0. 944
F	282. 925	47. 787	294. 962	27. 158	273. 797

从表 7 10 中的模型 13 至模型 15 可以看出，文化资本通过影响产业结构升级进而影响区域经济增长，验证了 H4，即存在“文化资本—产业结构高级化—区域经济增长”的传导机制。模型 13 中的回归结果体现了文化资本对经济增长的促进作用；模型 14 中文化资本对产业结构高级化的回归系数是 0. 506，通过了 1%的显著性水平检验，说明文化资本可以显著性地促进产业结构高级化；模型 15 中的回归结果显示文化资本和产业结构高级化均通过了 1%的显著性水平，文化资本的回归系数下降，但仍然为正，表明文化资本对区域经济增长有显著的正向效应。

从表 7-10 中的模型 13、模型 16 和模型 17 可以看出，文化资本通过影响全要素生产率进而影响区域经济增长，验证了 H5，即存在“文化资本—全要素生产率—区域经济增长”的传导机制。模型 13 的回归结果体现了文化资本对经济的促进作用；模型 16 文化资本对全要素生产率的回归系数是 2. 507，通过了 5%

的显著性水平检验，说明文化资本可以促进全要素生产率的提升；模型 17 的回归结果显示文化资本和全要素生产率均通过了 1%的显著性水平，文化资本的回归系数下降，但仍然为正，表明文化资本和全要素生产率对区域经济增长有显著的正向效应。继续使用 Sobel 检验中介效应，检验结果如表 7-11 和表 7-12 所示。

表 7-11　文化资本、产业结构高级化和经济增长的 Sobel 检验结果

	Coef	Std Err	Z	P>|Z|
Sobel	0. 11205	0. 03529	3. 175	0. 00150
Goodman-1（Aroian）	0. 11205	0. 03572	3. 137	0. 00171
Goodman-2	0. 11205	0. 03486	3. 214	0. 00131
Indirect effect	0. 11205	0. 03529	3. 175	0. 00150
Direct effect	0. 43987	0. 06287	6. 997	2. 60E-12
Total effect	0. 55192	0. 06421	8. 595	0

从表 7-11 可以看出，Sobel 检验的 z 值大于 0. 97，中介效应系数显著。进一步可得出产业结构高级化的中介效应显著，即文化资本通过促进产业结构高级化影响经济增长。同时，中介效应值是 0. 11205，也就是说，产业结构高级化的中介效应是部分中介，约占总效应的 20. 3%。

表 7-12　文化资本、全要素生产率和经济增长的 Sobel 检验结果

	Coef	Std Err	Z	P>|Z|
Sobel	0. 05292	0. 02580	2. 052	0. 04022
Goodman-1（Aroian）	0. 05292	0. 02641	2. 004	0. 04512
Goodman-2	0. 05292	0. 02516	2. 103	0. 03545
Indirect effect	0. 05292	0. 02580	2. 052	0. 04022
Direct effect	0. 49900	0. 06221	8. 021	1. 1E-15
Total effect	0. 55192	0. 06421	8. 595	0

从表 7-12 可以看出，Sobel 检验的 z 值大于 0.97，中介效应系数显著。进一步可得出全要素生产率的中介效应显著，即文化资本通过提升全要素生产率影响经济增长，表明了检验结果具有稳健性。同时，中介效应值是 0.05292，也就是说，全要素生产率的中介效应是部分中介，约占总效应的 9.6%。

通过实证分析可知：①文化资本可以直接促进经济增长；②有形文化资本和无形文化资本均可以促进区域经济增长，经济发达地区的文化资本增长效应弱于经济发展弱的地区；③文化资本可以通过促进产业结构高级化和提升全要素生产率的中介效应影响经济增长，与理论分析部分结论一致。

第八章　文化资源对经济增长的影响

第一节　研究综述

一、文化资源相关研究

文化资源作为文化生产力中的一种重要生产要素，是文化产品的原材料，是文化资本的前身，是文化经济运行和发展的重要源头，甚至是文化资源的核心。文化资源的概念本身具有宽泛性、精神性、无形性、基础性和不确定性，因此有必要对文化资源的概念加以确定。周正刚（2004）认为，所谓文化资源，是指可供主体利用和开发，并形成文化实力的各种文化客观对象，包括前人所创造积累的文化遗产库、今人所创造的文化信息和文化形式库，以及作为文化活动、设施与手段的文化载体库等。吕庆华（2006）认为，文化资源是人类创造的物质成果及其转化。向勇（2015）认为，文化资源一般是指具有文化特征和人类精神活动痕迹，具有人文价值和传统价值的资源。魏杰（2020）认为，凡是人类文化活动的时空积累都可以称为文化资源。综合现有论述，本书认为，所谓文化资源是人类在生产生活中形成的、具有人文性和精神性的资源。但是，不得不承认，目前学术界对文化资源尚未形成统一的认识。

正是因为文化本身的多义性和宽泛性，文化资源的具体分类很难确定。牛淑萍（2012）按照文化资源的不同主题，将我国的文化资源划分为历史文化资源、民族文化资源、民俗文化资源、宗教文化资源和其他文化资源五大类别。李树榕等（2014）以“获取文化资源的途径”为分类标准，将文化资源分为物质实证性文化资源、文字与影像记载性文化资源与行为传递性文化资源。向勇（2015）

认为，文化资源可以分为三类，即物质文化资源、非物质文化资源和自然文化资源，包括历史遗迹、民俗文化、地域文化、乡土风情、文学历史、民族音乐、宗教文化、自然风光等不同类别。赵尔奎和杨朔（2016）从载体和构成上将文化资源分成器物、制度、习俗、观念和语言五个层次，并借鉴了欧阳友权（2006）对文化资源的分类，将文化资源分为有形的物质资源、无形的精神资源和人才资源三类。胡郑丽（2016）将文化资源划分为意识形态、生产生活和产品服务三个层次，并按照存在形态将文化资源分为历史文化资源、民俗文化资源以及新型文化资源（网络文化资源、校园文化资源和红色文化资源）。总体来看，文化资源的构成既包含物质实体，也包含精神思想；既有祖先的足迹，也有今人的脚步。

二、资源诅咒的概念

1993 年，美国的 Auty 首次对矿产经济的持续发展提出了“资源诅咒”假说，认为丰富的自然资源会扭曲经济发展，甚至将利益变成一种诅咒。该观点一经提出，就获得了国际众多专家学者的支持和响应，并逐步成为发展经济学的重要理论。在 Auty 的经典研究中，“资源诅咒”假说的形成机制主要有以下四点：

一是挤出效应。该观点认为地区中短期依靠资源优势获得大量经济资本，从而过度重视资源产业并持续加大对资源产业的开发和投入，因而忽视了子女教育水平的提高、科技创新能力的提升和其他影响经济增长的重要因素，区域经济无法实现长期增长，最终导致“资源诅咒”的形成。

二是“荷兰病”。该观点认为，区域经济长期依赖资源产业，会对非资源产业产生不利影响，甚至会产生资源部门和非资源部门（主要是农业和制造业）。在资源部门中，产品长期大量出口而供不应求，形成贸易顺差，造成货币升值；而在非资源部门中，由于长期的货币升值，非资源部门的产品失去了价格优势，会抑制非资源部门的发展。长此以往，国际出口下降、国内通货膨胀、产业工人失业，资源部门的蓬勃发展和非资源部门的萎缩不振共同形成了“荷兰病”现象。

三是制度效应。由于资源产业的巨大利益，一些别有用心的人开始搞贪污贿赂、违法犯罪，以暴力和非法的手段占有资源牟取利益，拉拢腐蚀地方政府官员，破坏当地政治制度环境，极大地破坏了区域内廉洁守法的营商环境。长此以往，经济增长的目标必将无法实现。

四是贫富差距。由于对资源产业的长期依赖，贸易低迷、科技落后、教育落后和贪腐成风，区域经济对资源产业的倚重便会更加无法自拔，与资源产业相关的既得利益者的贪欲也会更加肆无忌惮。财富分配状况进一步恶化，贫富差距进一步加大，社会矛盾进一步激化，经济发展将无从谈起。

三、“文化资源诅咒”

Auty 经典“资源诅咒”的研究对象是自然资源，虽然在很长的历史时期内发展经济学的这一经典假说都未涉足文化领域，未考虑纳入文化资源，但我国的一些学者已经做出了尝试。唐月民（2014）认为，所谓“文化资源魔咒”指的是富饶的文化资源限制文化产业发展的经济现象。以我国新疆地区为例，原本应当以文化为支撑、以经济为动力的该地区，其文化产业发展的落后现实与预期效果存在巨大的距离。与此相反，不足百年历史的美国迪士尼却成为世界文化产业的标杆。作者认为，“文化资源魔咒”产生的原因：一是缺乏对当地文化资源的认知和认可；二是文化资源的强制性、粗暴性地开发；三是资源补偿机制不健全；四是产业结构单一。唐月民（2015）认为，“文化资源诅咒”描述的是一种丰富的文化资源没能带来文化产业相应发展的现象，文化资源对文化产业带来的是“福音”还是“诅咒”取决于对它开发能力的高低，因此必须从根本上重视文化资源开发中的结构与重构问题。李康化（2016）认为，“文化资源诅咒”假说或许不能成立，但文化资源丰裕的中国并没有发挥资源禀赋的优势；相反，文化底蕴并不丰厚的美国却因其后天的文化创新而在全球大行其道，这也是不争的事实。申雄宇（2019）认为，贵州省务川仡佬族苗族自治县仡佬族独特而丰富的历史文化资源并没有使当地的文化产业繁荣，呈现出文化资源与文化产业发展两者间悖论，形成了文化“资源诅咒”。林存文（2019）研究表明，“文化资源诅咒”总体上不存在。但不同类型文化资源对文化产业的影响不同，不同地区、不同城市的文化资源禀赋对文化产业发展水平的影响也存在差异。

第二节　研究设计

一、提出研究假设

文化资源对经济增长主要存在两种效果：一种是“资源诅咒”，另一种是“资源祝福”。“资源诅咒”是指丰富的文化资源并没有显著地促进经济增长，与此相反，丰富的文化资源还会对经济增长产生负作用。大量的经验研究为上述观点提供了证据。例如，中国是世界上唯一薪火相传五千年的文明古国，中华文明源远流长、博大精深，中国已经成为世界第二大经济体，但是中国文化产业的发展，不仅无法为中国的经济增长提质增效，还远远达不到世界第二的水平。具体来说，我国西部地区拥有独具特色的文化资源，其中不乏颇具异域风情的少数民族文化资源，但是从统计数据来看，西部地区一省的文化经济水平甚至不如东部地区的一个县。“资源祝福”是指丰富的文化资源能够带动经济增长，对经济增长可以起到显著的正向影响。综上所述，文化资源对经济增长的净效应取决于“资源诅咒”和“资源祝福”的相对大小。因此，本书提出以下假设：

H6-1：如果“资源祝福”占主导，那么文化资源对经济增长具有正向影响。

H6-2：如果“资源诅咒”占主导，那么文化资源对经济增长具有负向影响。

“一方水土养一方人”，气候环境是文化资源形成的客观条件，它主要通过温度和湿度来影响人类的文化活动和经济活动。那么，气候环境是否会影响文化资源与经济增长之间的关系？

炎热多雨的气候条件不适宜人们的生产生活，虽然因此形成了独具特色的区域文化资源，但对人口流失、投资下降和出口减少等方面造成的影响更大，从而最终导致经济增长乏力。因此，本书提出以下假设：

H7-1：炎热多雨的气候环境会增强文化资源的“资源诅咒”效应。

炎热多雨的气候条件会形成与众不同的区域文化资源，通过人们的开发利用，文化资源会成为该区域一个重要的经济增长点，进而提高收入、扩大投资和增加出口。因此，本书提出以下假设：

H7-2：炎热多雨的气候环境会增强文化资源的“资源祝福”效应。

一方面，丰富的语言方言环境意味着文化资源丰富，但同时也意味着沟通不便，导致经济活动中的沟通成本增加。同时，丰富的语言环境的形成可能也依托于复杂的地形地貌，增加了经济活动的交通成本，这些成本的提高都会阻碍经济增长。因此，本书提出以下假设：

H8-1：语言环境会增强文化资源的“资源诅咒”效应。

另一方面，丰富的语言环境意味着该区域有着深厚的人文底蕴，能够吸引慕名而来的游客到此地观光旅游，增加当地经济收入，使文化资源带动当地经济发展。因此，本书提出以下假设：

H8-2：语言环境会增强文化资源的“资源祝福”效应。

综合上文分析，文化资源对经济增长的影响在理论上存在两种截然不同的解释，其净效应取决于“资源祝福”和“资源诅咒”之间的相对大小，而外部的气候环境和语言环境则又可能增强或减弱“资源祝福”和“资源诅咒”进而调节文化资源与经济增长的关系。本书的分析框架如图 8-1 所示。

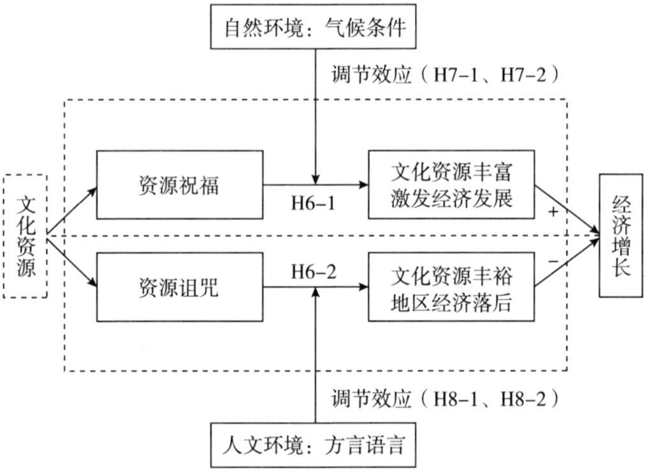

图 8-1 本书的分析框架

二、样本数据选取

本书选取 2011~2020 年中国 31 个省份的面板数据为研究样本，并按照以下原则进行样本筛选：①剔除数据大量缺失的样本，如我国香港、澳门和台湾地区；②剔除相关数据缺失的年份，如2020年。最终本书共得到4216个年度观测值。其中，部分指标缺失2020年数据，因此，本书实际使用的样本区间为2011~2019共9个年度。研究中所使用的文化资源数据来自《中国统计年鉴》《中国文化文物和旅游统计年鉴》《中国文化及相关产业统计年鉴》和《中国人口和就业统计年鉴》，气候环境相关指标来自《中国环境统计年鉴》，地区语言方言环境指标来自《中国语言地图集》（第二版），包括汉语方言卷和少数民族语言卷。

三、主要变量定义

（一）文化资源（cr）

本书借鉴刘改芳等（2015）的做法，采用综合指数法中的熵权法对文化资源进行综合评价。根据已有研究，本书将各地区A级旅游景区（单位：个）、各地区人均拥有公共图书馆藏书量（单位：本）、各地区文物藏品量（单位：件/套）、分地区文化人口占15岁及以上人口的比重（单位:%）、各地区群众文化机构组织文艺活动次数（单位：次）、各地区人均文化和旅游事业费及位次（单位：元）、各地区文化和旅游部门执行事业会计制度的艺术表演团体演出场次（单位：万场）、各地区文化、体育和娱乐业国有单位、城镇集体单位、其他单位就业人员数（单位：人）都纳入文化资源的范畴，该指数从图书馆、群众文化、艺术、旅游、文化市场、文物、文化财政等多个维度对中国各省份的文化资源进行了综合评价。熵值法的权重计算结果显示，景区的权重为9.779%、藏书的权重为12.173%、文物的权重为14.613%、文盲的权重为16.394%、文艺活动的权重为9.51%、文化财政的权重为11.794%、就业人员的权重为10.03%、演出场次的权重为15.708%。

（二）经济增长（lngdppc）

地区的国内生产总值是衡量区域经济发展水平的重要变量，本书采用国内生产总值代表区域的经济增长。为了减轻人口规模对经济的影响，本书采用人均GDP（单位：亿元）进行核算；为了缩小数据之间的绝对差异、减轻指标的共线性，对被解释变量人均GDP进行了取对数处理。

（三）气候环境（climate）

自然气候环境是人类文明和经济社会存在和发展的必要条件，对社会的整体发展起到加速或延缓的作用。鉴于此，本书设置了温度和降水量两个变量来衡量气候环境的宜人程度：①温度是指该省份省会城市的月平均温度；②降水量是指该省份省会城市的年降水量。温度越高、降水量越多代表气候越炎热、越多雨。

（四）语言方言（dialect）

汉语方言和民族语言是一个地域人文环境复杂程度和文化资源丰富性的集中表达，是该地区文化内容多样性的一个方面。本书方言语言多样性的原始数据来源于《中国语言地图集》（第二段）。该地图集报告了中国各省份汉语方言和少数民族系属简图。本书借鉴徐现祥等（2015）、李红和韦永贵（2019）的做法，以省域为分析单元，构建省市内部的方言和语言的多样性指数。

四、计量模型设定

为验证 H6-1 和 H6-2，本书构建了模型（8-1），以考察为文化资源对经济增长的影响。若 H6-1 成立，预计文化资源的回归系数（α_1）显著大于 0，即表明文化资源促进了经济增长，“资源祝福”的净效应大于“资源诅咒”的净效应；若 H6-2 成立，预计文化资源的回归系数（X_1）显著小于 0，则表明文化资源阻碍了经济增长，“资源诅咒”的净效应大于“资源祝福”的净效应。本书在模型（8-1）中还纳入了经济社会发展等方面的控制变量，具体包括：人口（population）、出口（export）、人均消费（consumption）、固定资产投资（invest）。此外，province 代表省份固定效应，用以控制省份层面的差异。year 为时间固定效应，用来控制不可观测时间因素对经济的共同影响，ε 为随机误差项。

$$\ln gdppc = \alpha_0 + a_1 cr + a_2 \ln population + a_3 \ln export + \alpha_4 \ln consumption + \alpha_5 \ln invest + \sum \alpha_i province + \sum \alpha_j year + \varepsilon \text{。} \quad (8-1)$$

为考察气候条件对文化资源与经济增长之间关系的调节效应，本书构建了模型（8-2），重点关注文化资源与气候条件的交互项 cr×climate，如果 H7-1 成立，则 $\beta_2>0$，即高温多雨的气候环境促进了文化资源“资源祝福”效应；如果 H7-2 成立，则预期 $\beta_2<0$，即高温多雨的气候环境促进了文化资源的“资源诅咒”效应，阻碍了“资源祝福”效应。

$$\ln gdppc = \beta_0 + \beta_1 cr + \beta_2 cr \times \ln climate + \beta_3 \ln climate \beta_4 \ln population + \beta_5 \ln export + \beta_6 \ln consumption + \beta_7 \ln invest +$$

$$\sum \beta_i province + \sum \beta_j year + \varepsilon \qquad (8-2)$$

对于 H8-1、H8-2，本书构建了检验模型（8-3），重点关注文化资源与语言方言环境的交互项 cr×dialect，如果 H8-1 成立，则预期 $\gamma_2<0$，即方言语言环境促进了文化资源的“资源诅咒”效应；如果 H8-2 成立，则预期 $\gamma_2>0$，即方言语言环境促进了文化资源的“资源祝福”效应。

$$\ln gdppc = \gamma_0+\gamma_1 cr+\gamma_2 cr\times dialect+\gamma_3 dialect\beta_4 \ln population+\beta_5 \ln export+ \beta_6 \ln consumption+\beta_7 \ln invest+\varepsilon \qquad (8-3)$$

第三节　文化资源对经济增长的实证分析

一、描述性统计和相关性分析

变量的描述性统计结果显示，经济增长人均国内生产总值的均值（中位数）分别为 53716. 98 元（47031. 02 元）。文化资源指标的描述性的均值（中位数）分别为 0. 1916289（0. 1626834）。气候环境的两个指标温度和降水量的均值（中位数）分别为 14℃（15. 5℃）、938. 78 毫米（740. 8 毫米）。方言语言指标的均值分别为 6. 4 种（6 种），其余控制变量的结果不再予以逐个说明。主要变量相关系数矩阵显示，文化资源指标和人均国内生产总值的皮尔逊相关系数为 0. 5695，斯皮尔曼相关系数为 0. 4731，并且通过 1%的显著性水平检验，初步支持了前文提出的 H6-1，拒绝了 H6-2，但更为严格的证据还需要通过控制其他因素的多元回归分析来得到。

二、组间差异检验

本书按照文化资源指标 cr 排序，将位于 3/4 分位以上的样本作为文化资源丰富组 Group1，将 1/4 分位以下的样本作为 Group3，其余部分作为 Group2。就均值差异检验来看，gdppc 的均值由 Group1 到 Group3 不断变小，Group1 的均值比 Group2 和 Group3 的均值分别高了 24272. 10 元和 28298. 84 元，并且都通过了 1%的水平上显著；就 Wilcoxon rank-sum 检验来看，与均值差异检验的结果类似，从 Group1 到 Group3，人均国内生产总值的中位数不断变小，Group3 比 Group1 和 Group2 分别低了 30637.32 元、6805.5 元，且均在 1%的水平上显著。以上结果说明随着文化资源的丰富，区域经济发展水平变好，这也初步支持了 H6-1 的预期。

三、多元回归分析

表 8-1 报告了本书基本假设的检验结果，第（1）列为单变量回归结果，第（2）列纳入了控制变量，第（3）列进行了面板数据回归。当将人均国内生产总值取对数成为 lngdppc 代表经济增长做被解释变量时，cr 的回归系数分别为 2.438129、0.3951728、0.4294604，前两者在 1%的水平上显著。在经济意义方面，文化资源指标 cr 每增加 1 个标准差，lngdppc 将大约增加 4.15（0.4294604×0.0968417）个百分点，这相当于样本均值的 0.39%（0.04158968÷10.79392）。以上结果符合 H6-1 的预期，拒绝了 H6-2，即文化资源的“资源祝福”效应要大于“资源诅咒”效应，意味着文化资源越丰富的地区，其经济发展状况会越好，地区产业布局和经济发展可以通过对文化资源开发和利用形成新经济增长点，而不会成为区域经济的一个“诅咒”。在一般情况下，文化资源对地区经济发展的提升作用有限，但当其形成集聚优势或比较优势时，这一拉动作用明显增强。谭娜等（2022）的研究能较好地佐证这一观点，他们发现文化资源如果能与其他资源融合发展，并予以良好的文化制度环境支撑，则有望提升自身文化吸引力并有效带动地区经济发展。

表 8-1 文化资源与经济增长

	（1）	（2）	（3）
	经济增长（lngdppc）	经济增长（lngdppc）	经济增长（lngdppc）
文化资源（cr）	2.438129***	0.3951728***	0.4294604
	（0.2121905）	（0.0821452）	（0.3306134）
常数	10.3267***	4.422049***	1.698802
	（0.046339）	（0.2754205）	（1.689198）
控制变量	否	是	是
地区	否	否	是

续表

	(1)	(2)	(3)
	经济增长（lngdppc）	经济增长（lngdppc）	经济增长（lngdppc）
年份	否	否	是
R^2	0.2987	0.9109	0.3504
F	132.03***	683.40***	159.73***
N	279	279	279

注：*** 表示在 1%水平下显著，括号内为 t 值。

为考察气候环境条件对文化资源与经济增长之间关系的调节作用，本书对模型（8-2）进行了检验。表 8-2 报告了回归结果［第（1）列和第（2）列］，其中，cr 的回归系数依然为正，本书重点关注的是气候环境条件与文化资源的交互项（crlntem、crlnpre）。结果显示，仍将人均国内生产总值取对数做被解释变量，crlntem 的回归系数为-0.5680765，crlnpre 的回归系数为-0.2531243，在 5%的水平上显著。以上结果表明，高温多雨的气候环境增强了文化资源对经济增长的负面影响，这一结果支持了 H7-1 的预期，在高温多雨的气候环境下，高温高湿不利于整体的经济发展，土地贫瘠，不适合农作物生长；疾病肆虐，饱受传染病困扰；教育、基建等缺失严重，无法形成人力资本，因此文化资源在极端的气候环境条件下无法形成新的经济增长点。

中国是一个拥有约 960 万平方千米陆地总面积、汇聚 56 个民族的多民族国家，不同地区汉语方言和少数民族语言环境存在明显的差异，这为本书研究文化资源对经济增长的异质性影响提供了良好的背景场所。表 8-2 的第（3）列报告了检验结果，由于无法收集到语言方言指数的面板数据，所以 dialect 的回归系数被忽略。文化资源（cr）的回归系数仍然在 5%的水平上显著为正，说明丰富的文化资源有利于经济增长。本章重点关注的是文化资源与方言语言指标的交互项 crlndia，可以看到 crlndia 的回归系数是-0.0781575，这说明方言语言的丰富性增强了文化资源对经济增长的“资源诅咒”效应，这和 H8-1 的预期一致，丰富的方言语言环境作为地区文化多样性的一种体现，在无形中提高了地区经济活动的直接和间接成本，从而增强了文化资源对经济增长的负面效应。

表 8-2　气候环境、方言语言的调节作用

变量	(1)	(2)	(3)
	经济增长（lngdppc）	经济增长（lngdppc）	经济增长（lngdppc）
文化资源（cr）	1.880243 (1.178011)	2.003822 ** (0.0821452)	0.5179252 ** (0.2503888)
crlntem	-0.5680765 (0.4328133)		
crlnpre		-0.2531243 ** (0.1269051)	
Crlndia			-0.0781575 (0.1645228)
lntem	-0.064123 0.0531982		
lnpre		-0.023931 (0.025812)	
lndia			(omitted)
常数	4.567802 *** (0.3375198)	4.358034 *** (0.3153023)	1.649206 (1.491595)
控制变量	是	是	是
地区	否	否	是
年份	否	否	否
R^2	0.9220	0.9178	0.3592
F	553.95 ***	632.51 ***	419.29 ***
N	279	279	279

注：**、***分别表示在5%、1%水平下显著，括号内为t值。

四、作用机制检验

本书已经发现文化资源在总体上促进了经济增长，但中间的作用机制仍然停留在理论分析层面，本书尝试进行进一步的实证检验，以求打开文化资源影响经济增长的“暗门”。

（一）检验“资源诅咒”效应是否存在及其形成机制

根据第一种观点，即丰富的文化资源无法刺激经济的快速增长，形成“资源诅咒”效应。文化资源因其深厚而独特的文化价值，无法与经济价值深度融合。本书通过回归分析检验文化资源的“资源诅咒”效应，具体如下：

$$\ln gdppc = \alpha_0 + a_1 \ln scenic + a_2 \ln book + a_3 \ln collection + \alpha_4 \ln illiteracy + \alpha_5 \ln activity + a_6 \ln fund + \alpha_7 \ln perform + \alpha_8 \ln personnel + a_9 \ln population + a_{10} \ln export + \alpha_{11} \ln consumption + \alpha_{12} \ln invest + \sum \alpha_i province + \sum \alpha_j year + \varepsilon \quad (8-4)$$

检验结果报告于表 8-3 中，第（1）列为简单多元回归结果，文盲率、文艺活动的回归系数为负，并且在 1%的水平上显著；第（3）列使用固定效应，藏书量、文盲率和文艺活动的回归系数为负。以上结果说明某些具有丰富而独特文化底蕴的文化资源妨碍了经济增长，形成了“资源诅咒”效应。

表 8-3　文化资源的“资源诅咒”效应

lngdppc	(1)	(2)	(3)
	简单多元回归	Robust	固定效应
lnscenic	0.050942***	0.050942***	0.0233193
	(0.0170491)	(0.0165772)	(0.0267595)
lnbook	0.0979465***	0.0979465***	-0.0264762
	(0.027952)	(0.0264098)	(0.0894321)
lncollection	0.0425172***	0.0425172***	0.0301732
	(0.0108808)	(0.0098241)	(0.0203325)
lnilliteracy	-0.0796428***	-0.0796428***	-0.0466598
	(0.0160533)	(0.0167766)	(0.0371928)
lnactivity	-0.1176002***	-0.1176002***	-0.0155311
	(0.0204111)	(0.0208857)	(0.0405257)
lnfund	0.0103563	0.0103563	0.1152212
	(0.0312896)	(0.028146)	(0.0637613)
lnperform	0.0487912***	0.0487912***	0.0361779
	(0.0076931)	(0.0076113)	(0.0186167)

续表

lngdppc	(1)	(2)	(3)
	简单多元回归	Robust	固定效应
lnpersonnel	0.0777144*** (0.0262817)	0.0777144*** (0.0255899)	0.0989787 (0.0586813)
常数	5.678569*** (0.3674982)	5.678569*** (0.3460544)	0.6496522 (2.137877)
控制变量	是	是	是
地区	否	否	是
年份	否	否	否
R^2	0.9502	0.9502	0.3548
F	411.64***	521.70***	108.65***
N	272	272	279

注：***表示在1%的水平上显著，括号内为t值。

（二）检验“资源祝福”效应是否存在及其形成机制

本书利用面板数据中介效应模型来考察文化资源是否通过提高受教育水平的路径影响经济增长。

模型（5）至模型（7）用于检验“文化资源—受教育水平—经济增长”这一路径，具体检验程序如下：①检验文化资源对经济增长的影响，观察模型（8-5）中回归系数 a_1；②检验文化资源对受教育水平的影响，观察模型（8-6）中回归系数 β_1；③同时检验文化资源、受教育水平对经济增长的影响，观察模型（8-7）中的回归系数 φ_1、φ_2。

$$\ln gdppc = \alpha_0 + a_1 cr + \sum \alpha_i CVs + \varepsilon \tag{8-5}$$

$$\ln education = \beta_0 + \beta_1 cr + \sum \beta_i CVs + \varepsilon \tag{8-6}$$

$$\ln gdppc = \varphi_0 + \varphi_1 cr + \varphi_2 \ln education + \sum \varphi_i CVs + \varepsilon \tag{8-7}$$

表8-4报告了路径“文化资源—受教育水平—经济增长”的检验结果（被解释变量为lngdppc），第（1）列为不纳入中介因子的检验结果，cr的回归系数显著为正。再由第（2）列结果可知，文化资源指标cr的回归系数在1%的水平上显著为正，说明文化资源的丰富确实提高了受教育水平。本书重点关注纳入中

介因子后的检验结果［第（3）列］，文化资源指标、受教育年限的回归系数均在1%的水平上显著为正，说明劳动者受教育年限越长，经济发展水平越好。同时文化资源指标cr的回归系数均在1%的水平上显著为正（且$|\varphi_1|<|\alpha_1|$），说明受教育水平是文化资源影响经济增长的部分中介因子。cr的直接效应是1.671037，间接效应就是0.2227895×1.720332=0.38327191。中介效应检验支持了“资源祝福”效应的观点。

表 8-4　文化资源、受教育水平与经济增长（lngdppc）

变量	(1)	(2)	(3)
	lngdppc	lneducation	lngdppc
cr	2.054309*** (0.2553484)	0.2227895*** (0.1005407)	1.671037*** (0.1914641)
lneducation			1.720332*** 0.1515445
常数	10.49438*** (0.0604691)	2.159016*** (0.0238091)	6.780159*** (0.3302169)
控制变量	否	否	否
地区	否	否	否
年份	否	否	否
R^2	0.2973	0.0248	0.6147
F	64.72***	4.91**	123.84***
N	155	155	155

注：**、***分别表示在5%、1%的水平上显著，括号内为t值。

五、补充的检验：考虑地区差异

地区水平差异一直是学术界关注的重要问题。文化资源对经济增长的影响是否会因我国东部、中部和西部地区的差异而有所不同？一方面，西部地区的大部分为经济欠发达地区，经济发展相对落后。虽然西部地区的现代化水平不如中部和东部地区，也因此形成了更为独特的地域性文化资源，但很难判断其对经济增长的促进作用。因此，文化资源的“资源祝福”效应在西部地区会更不明显，那么，在西部地区开发利用文化资源可能风险更高。另一方面，“世界屋脊”喜马拉雅山脉阻挡了来自印度洋的暖湿气流，西伯利亚的高压却可以长驱直入我国西部地区；我国西部地区地形复杂、地貌独特，许多少数民族居住在此。因此，本章推测，相比于中部地区和东部地区，西部地区的文化资源对经济增长的促进作用更小。本章按照区域位置将样本分为东部组、中部组和西部组，如表 8-5 检验结果显示：文化资源对西部地区的经济增长的促进作用更小，证实了该预期。

表 8-5　文化资源与经济增长的地区差异

变量	(1)	(2)	(3)	(4)
	lngdppc	东部地区	中部地区	西部地区
文化资源 cr	0. 3951728***	0. 9359698***	0. 9455186***	0. 2279776***
	(0. 0821452)	(0. 1695238)	(0. 1739809)	(0. 1100578)
常数	4. 422049***	7. 279788***	6. 050081***	5. 303693***
	(0. 2754205)	(0. 9383526)	(0. 690471)	(0. 3628223)
控制变量	是	是	是	是
地区	否	否	否	否
年份	否	否	否	否
R^2	0. 9109	0. 9221	0. 9184	0. 9210
F	683. 40***	218. 80***	343. 26***	292. 69***
N	279	90	99	90

注：*** 表示在 1%的水平上显著，括号内为 t 值。

第九章　文化发展与乡村经济的实证研究
——以山东省为例

第一节　研究设计

一、样本选取与数据来源

基于数据的科学性与可操作性，本书选取山东省农村居民人均可支配收入和相关文化发展指标在 2001~2020 年的统计数据。选取精神文明建设作为指标变量，记为 SC；选取公共文化设施作为指标变量，记为 PC；以文化企业数量作为文化产业指标的替代变量，记为 CI；选取农村居民人均可支配收入作为乡村经济指标的替代变量，记为 RE。

本研究所有数据来源于国家统计局网站、《山东省统计局》（主要参考 2001-2009 年的《山东省统计年鉴》和 2010~2020 年的《国民经济与社会发展统计公报》）、山东省文化与旅游厅、中国文明网以及齐鲁网。

二、模型构建与变量说明

（一）模型构建

本研究借鉴并综合了众多学者对中国文化发展指数构建方法的探索、改造与创新，并在对山东省文化发展情况深入剖析的基础上，将山东文化发展指数 SCDI 的计量模型设定为精神文明建设、公共文化设施和文化产业的加权组合，即

$$SCDI_t = \sum W_i \times q_{it}(i = 1,\ 2,\ 3) \tag{9-1}$$

其中，$SCDI_t$ 表示在第 t 时刻的山东文化发展指数（Shandong Culture Development Index），q_{it} 表示变量 i 在 t 时刻的数值，W_i 表示构成指数的各变量的权重。

考虑到变量异方差现象会对模型的预测效果产生影响，因此，本书对所有变量均采取对数形式，并且之后的实证分析过程均在对数的基础上进行，则 $SCDI_t$ 的具体形式如下：

$$SCDI_t = W_1 \ln SC_{1t} + W_2 \ln PC_{2t} + W_3 \ln CI_{3t} \tag{9-2}$$

其中，包括精神文明建设 SC，公共文化设施 PC，文化产业 CI。

VAR 模型主要在于可对相关变量之间的关系进行长期预测，考察变量之间相互影响的程度，因此，本书将农村居民人均可支配收入作为衡量乡村经济发展的指标，并与其他变量构建 VAR 模型，模型构建如下：

$$Y_t = \phi_1 Y_{t-1} + \cdots + \phi_p Y_{t-p} + \partial_1 X_t + \cdots + \partial_r X_{t-r} + \epsilon_t + u_t (t=1,\ 2,\ \cdots,\ T) \tag{9-3}$$

其中，Y_t 为 k 维内生变量列向量，X_t 为 d 维外生变量列向量，p、r 分别为内生变量和外生变量的滞后阶数，T 为样本个数，ϕ_p 和 ∂_r 为待估计参数矩阵，ϵ_t 为时间固定效应，u_t 为随机误差列向量。

（二）变量说明

1. 乡村经济（RE）

乡村经济以农村居民人均可支配收入表示。乡村振兴战略的实施，应建立在农民收入稳定增长的基础上，农民增收问题一直是“三农”领域重点关注和研究的焦点问题。无论是深化农村改革创新、多渠道发展乡村经济，还是打造乡土文化特色品牌、增强农村文化发展软实力，最终的目的皆在于提高农村居民的收入水平，增进民生福祉，提升居民生活质量。

2. 精神文明建设（SC）

精神文明建设包括乡风文明和省级爱国主义教育基地两大指标，其中乡风文明包括山东好人、文明村镇和文明城市。评选“山东好人”活动从 2012 年开始实行，“文明村镇”及“文明城市”的评比从 2005 年开始，每三年评选一次。近年来，随着乡村振兴战略的不断推进，各城乡积极响应国家号召，加大建设当地经济的力度，以满足物质需求为前提，更好地满足人们的精神文明需要，打造社会主义新农村、新城镇。

3. 公共文化设施（PC）

公共文化设施包括博物馆、公共图书馆、美术馆、文化站、艺术表演场馆、群众艺术馆和文化馆。2020年，习近平总书记在深圳经济特区建立40周年庆祝大会上强调，要加强公共文化设施建设，更好满足人民精神文化生活新期待。在乡村振兴战略背景下，推动公共文化设施建设，塑造文化产业发展新优势，助力文化振兴，助推乡村振兴。

4. 文化产业（CI）

选择文化企业数量进行衡量，选取山东省每年经营范围在新闻和出版业、广播、电视、文化艺术业、电影和影视录音制作之内的，并且注册资金在500万元以上的在营企业。在实现脱贫攻坚的路上，不少文化企业紧跟时代发展步伐推动文化发展，为乡村经济发展贡献一份力量。因此，乡村振兴战略进程的推进，必然缺少不了文化企业这一主体对文化产业高质量发展的推动。在振兴乡村经济的过程中，对于生态环境保护这一环节，在发展经济—生态保护—高质量发展这一产业链中文化企业作为重要力量起着举足轻重的作用，其对于推动乡村经济高质量发展具有不容忽视的价值和意义。各变量的描述性统计如表9-1所示。

表9-1　变量描述性统计

变量	符号	样本量	均值	标准差	最小值	最大值
乡村经济	RE	20	8997.05	5328.045	2810	18753
精神文明建设	SC	20	396.150	441.259	5	1128
公共文化设施	PC	20	2468.300	211.516	2240	2877
文化产业	CI	20	1200.550	1662.589	25	5476

第二节　实证检验与SCDI权重估计

一、数据平稳性检验

由于通常的时间序列往往是不平稳的，无法精确反映出各变量之间的关系。

因此在分析时间序列数据时，必须保证序列的平稳性，一方面避免产生伪回归现象，另一方面确定是否可以建立 VAR 模型并确定单整阶数。鉴于此，本书通过 ADF 单位根检验来分析各数据变量的平稳性，检验结果如表 9-2 所示。

表 9-2　单位根检验结果

变量	ADF 检验值	1%临界值	5%临界值	10%临界值	P—value	结果
lnRE	-1.546	-3.831	-3.029	-2.655	0.489	不平稳
dlnRE	-3.211	-3.857	-3.040	-2.660	0.036	平稳
lnSC	-1.118	-3.831	-3.029	-2.655	0.686	不平稳
dlnSC	-4.943	-3.887	-3.052	-2.666	0.001	平稳
lnPC	-1.357	-3.831	-3.029	-2.655	0.997	不平稳
dlnPC	-2.844	-3.857	-3.040	-2.660	0.072	不平稳
d^2lnPC	-4.459	-3.920	-3.065	-2.673	0.004	平稳
lnCI	-0.622	-3.831	-3.029	-2.655	0.843	不平稳
dlnCI	-2.398	-3.857	-3.040	-2.660	0.156	不平稳
d^2lnCI	-4.336	-3.887	-3.052	-2.666	0.004	平稳

注：d 表示一阶差分，d^2 表示二阶差分。

表 9-2 的检验结果表明，lnRE、lnSC、lnPC、dlnPC、lnCI、dlnCI 各变量均在给定的 1%、5%的显著水平下的 ADF 检验中存在单位根，且 ADF 检验值均大于对应阈值，也就是说，每个序列皆为非平稳序列。而经过一阶差分后的 dlnRE、dlnSC，二阶差分后的 d^2lnPC、d^2lnCI、ADF 检验值均小于 10%的显著水平下的临界值，所以 dlnRE、dlnSC、d^2lnPC、d^2lnCI 为平稳序列，因此，在二阶差分后，各变量都是平稳的，均为二阶单整序列，即 I（2）。为保证研究的准确性与严谨性，之后的实证分析过程都采用二阶差分序列数据。

二、最优滞后阶数的确定

本书采用 LogL、LR、FPE、AIC、SC 和 HQ 六个评价指标来确定最优滞后阶数 k，借助 Eviews11 进行检验。检验结果如表 9-3 所示。

表 9-3　VAR 滞后阶数选择评价标准

Lag	LogL	LR	FPE	AIC	SC	HQ
0	48.674	NA	4.42e-08	-5.584	-5.391	-5.574
1	75.916	37.457*	1.18e-05	-6.989	-6.024	-6.940
2	98.579	19.829	8.51e-09*	-7.822*	-6.084*	-7.733*

注：* 表示六个评价指标（LogL、LR、FPE、AIC、SC、HQ）分别选择的滞后阶数。

如表 9-3 所示，在六个评价指标中，FPE、AIC、SC 和 HQ 四个指标皆认为 VAR（2）模型可建立，拟合优度较高，因此，最终确定 VAR 模型的最优滞后阶数 k=2。

三、模型稳定性检验

模型的稳定性会对实证分析结果产生一定的干扰，为此需要对 VAR 模型的稳定性进行检验，以确保实证分析的严谨性。在进行 VAR 稳定性检验中，我们通过 VAR 模型的特征根倒数是否小于 1 来判断该模型的平稳性，即所有特征根的倒数是否落在单位圆内。借助 Eviews11 得到 AR 根图，如图 9-1 所示。

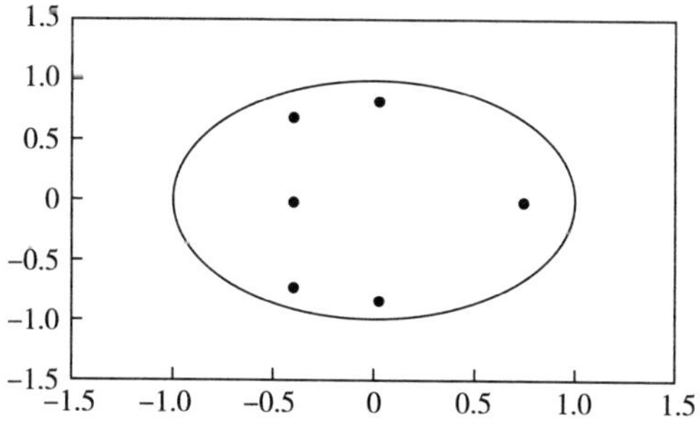

图 9-1　AR 特征根倒数位置示意

从图 9-1 可以看出，AR 特征根的倒数都落在单位圆内，因此，我们构建的滞后 2 阶的 VAR 模型拟合度较高且具有较好的稳定性，即该模型满足进行脉冲响应的分析条件。

四、乡村经济 RE 的脉冲响应分析

由于 VAR 模型的系数一般都不具备经济学意义，并且很难对其解释，而脉冲响应的方法是在随机误差项上加上一个新的波动（波动冲击值大约为一个标准差），进而研究不同的内生变量对当前和未来所产生的影响。因此，本书运用脉冲响应函数对 VAR 模型进行详细的经济分析。鉴于本章旨在通过建立山东文化发展指数 SCDI，并探究 SCDI 能否成为预测乡村经济发展的现行指标，在此主要考察 RE 对 SCDI 中各变量的脉冲响应。运用标准的 Cholesky 分解识别冲击，结果如图 9-2 所示。

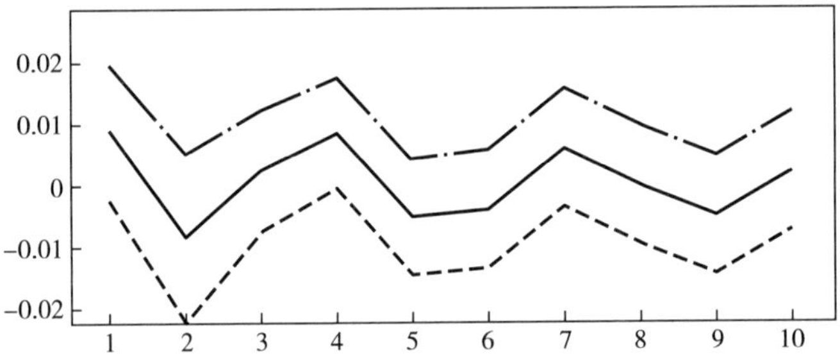

图 9-2　RE 对精神文明建设 Cholesky 正向冲击的脉冲响应

注：—表示实际的数据值，---虚线表示置信区间，—·—表示冲击值；本章后面的图同此注释。

1. 精神文明建设的冲击效应

由图 9-2 可知，山东精神文明建设对乡村经济有比较显著的冲击效应，其单位 Cholesky 正向冲击在第 1 期就达到最大冲击值 0.009，随后出现显著降低，在第 2 期达到最低冲击值-0.008，之后冲击不断波动，但波动效果微弱，平均冲击值为 0.0007。该指标在第 10 期呈逐渐上升的趋势，说明未来精神文明建设在乡村经济发展中仍起着举足轻重的作用，这与近两年来党中央对于加大创新农村精神文明建设有效平台的力度有紧密关联，因此，我们必须深刻意识到精神文明建设的紧迫性。

2. 公共文化设施的冲击效应

由图 9-3 可知，公共文化设施对乡村经济的单位 Cholesky 正向冲击在第 1 期

达到最小冲击值-0.012，之后大幅上升达到最大冲击值0.012，其10期内的平均冲击值为0.001。公共文化设施冲击对乡村经济具有显著的影响，且在长期内具有比较明显的波动特征，并逐步衰减至零。这一现象的出现，究其原因在于人们对于博物馆、美术馆等场所的新鲜感容易发生变化，艺术品的增加或减少都会使人们的观赏感发生巨大波动，到后期易产生“司空见惯”的想法，这一点在农村居民身上体现得尤为明显。

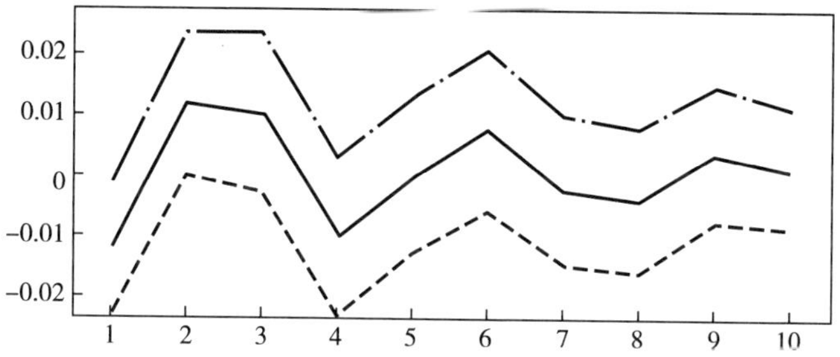

图9-3 RE对公共文化设施Cholesky正向冲击的脉冲响应

3. 文化产业的冲击效应。

由图9-4可知，文化产业对乡村经济的单位Cholesky正向冲击值在第1期为0，第3期达到最大冲击值0.16，第9期之后趋于平稳，平均冲击值为0.0146。由于企业要保证自身有利可图，同时，鉴于文化企业在文化建设中的作用呈现出一定的滞后性，其对文化产业的冲击影响在初始阶段表现为零响应或负响应的可能性较大，冲击效应与实际情况基本吻合。

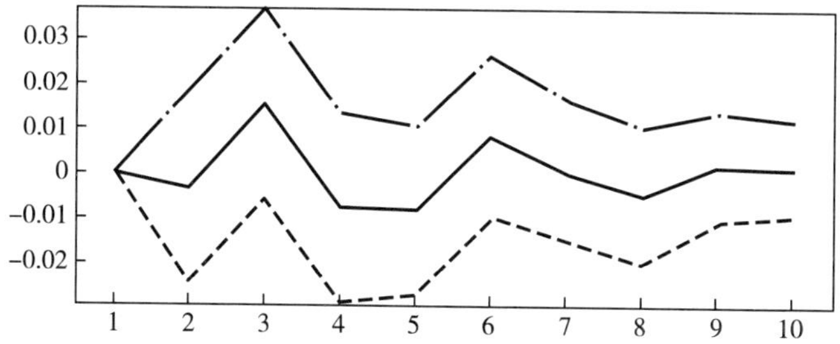

图9-4 RE对文化产业Cholesky正向冲击的脉冲响应

五、山东文化发展指数 SCDI 的权重估计

根据上述脉冲响应分析，进一步得到山东文化发展指数 SCDI 中各变量的权重系数。借助以下公式：

$$W_i = |u_i| / \sum |u_i| \tag{9-4}$$

其中，W_i 为所求的各变量的权重系数，u_i 为上述脉冲响应分析中所确定的各变量对乡村经济影响的平均冲击值。

利用公式进行简单的加权运算，进而得到本书定义的山东文化发展指数 SCDI：

$$SCDI_t = 0.043\ln SC_{1t} + 0.061\ln PC_{2t} + 0.896\ln CI_{3t} \tag{9-5}$$

式（9-5）为最终得到的山东文化发展指数 SCDI，但其预测结果如何，还需对 SCDI 与 RE 之间的相关性做进一步检验。

第三节　实证分析

一、相关性分析

为了验证山东文化发展指数能够对未来的山东乡村经济具有较好的指示功能，首先对 SCDI 与 RE 进行相关性与跨期相关性检验（见表 9-4）。结果显示：相关系数 0.3202，跨期动态相关系数为 0.285，则表明 SCDI 与乡村经济之间有较好的相关性，考虑到我国近年来逐渐重视文化发展对乡村经济的影响，这一结果也是较为合理的。换句话讲，注重精神文明建设、公共文化设施以及文化企业对乡村经济的协同作用可以有效地促进乡村经济的可持续发展，助推乡村振兴。

表 9-4　SCDI 与 RE 的相关与跨期相关系数

指数	相关系数	与乡村经济的最优跨期动态相关系数
SCDI	0.3202	0.285

注：括号内为 SCDI 的滞后期数。

二、线形图分析

通过比较 SCDI 与 RE 的线性图形（见图 9-5、图 9-6），我们可以较为清晰地看到，SCDI 从 2007 年的-0.0984 点大幅上升，在 2008 年达到最高 0.0934 点，这一时期刚好 RE 值在 2009 年持续上升，并于 2010 年达到峰值 0.052。两个指标影响的前后时间点近两年，与我们之前的跨期相关系数估算的滞后期两年基本一致。

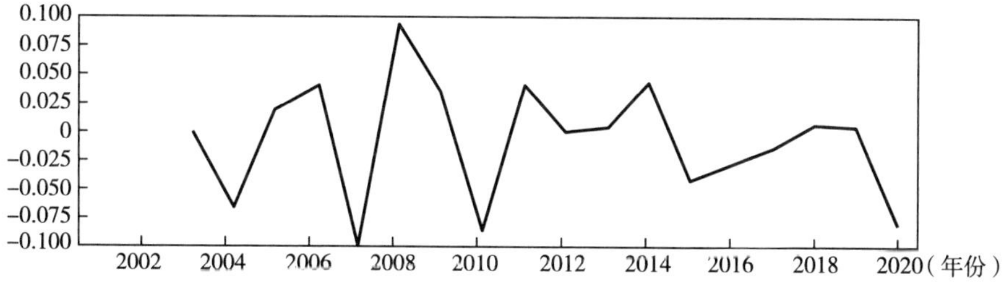

图 9-5　SCDI 的线性分析

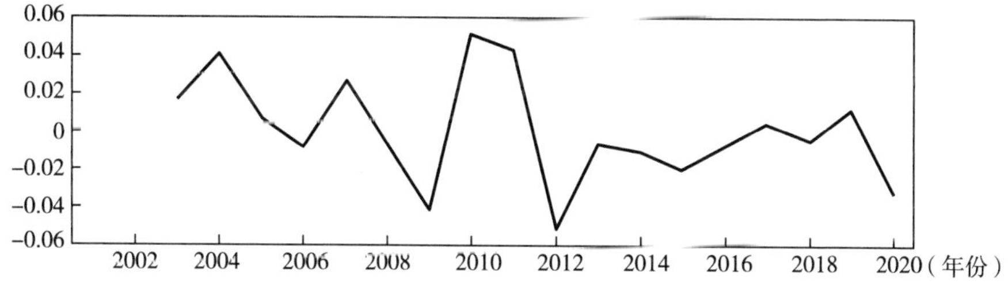

图 9-6　RE 的线性分析

三、VAR 脉冲响应分析

基于以上的检验与判断，我们继续构建 SCDI 与 RE 的双变量 VAR 模型。采用 Cholesky 分解方法，研究 SCDI 和 RE 对一个标准单位新息冲击的正向脉冲响应结果。如图 9-7、图 9-8 所示。

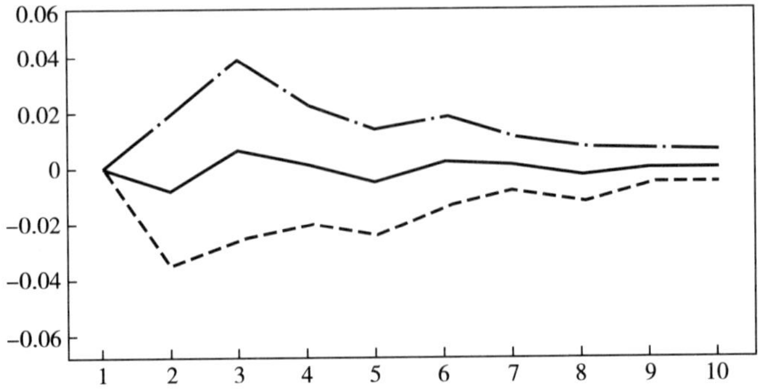

图 9-7 SCDI 对 RE 一标准单位新息冲击的脉冲响应

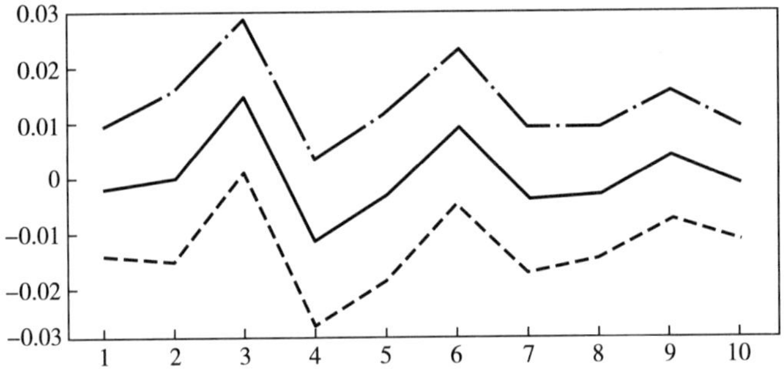

图 9-8 RE 对 SCD 一标准单位新息冲击的脉冲响应

由图 9-7 可知，SCDI 对来自 RE 的新息冲击反应较弱，其最大响应出现在第三期，为 0.008，随后响应值逐渐缩减，最终趋于零；图 9-8 显示，RE 对来自 SCDI 的一标准单位新息冲击响应较为显著，同样在第三期达到最大冲击值，为 0.014，在 10 期内的平均影响为 0.011。因此，从脉冲响应分析可以看出，乡村经济对山东文化发展的反作用敏感度并不高，而山东文化发展对乡村经济的冲击效应较大，但不难看出，山东省文化发展对乡村经济增长虽具有一定的正向影响，但这种促进效应是短期的，长期内效果逐渐减弱，这就需加大对文化事业的建设力度，增加对其的投资，促进文化的“经济化”“市场化”发展。文化作为推动区域经济发展的重要力量，地方经济增长离不开文化的推动，区域经济发展与区域文化相辅相成。对此，随着乡村振兴战略的持续推进，需贯彻落实乡村振兴产业兴旺、生态宜居、乡风文明、治理有效、生活富裕的总要求，制定长期有效的文化发展战略，从长远出发考虑乡村经济增长问题，保护生态环境的同时保证乡村经济的稳定增长，实现文化与经济的协调可持续发展。

四、方差分解

为进一步分析不同的结构冲击对内生变量影响的方差贡献程度，对山东文化发展指数和乡村经济进行10期的方差分解。结果如表9-5所示。

表9-5 VAR模型方差分解结果

期数	d^2lnSCDI 的方差分解			d^2lnRE 的方差分解		
	S. E.	d^2lnSCDI	d^2lnRE	S. E.	d^2lnSCDI	d^2lnRE
1	0.044	100	0	0.024	0.728	99.272
2	0.057	98.249	1.750	0.024	0.738	99.262
3	0.058	96.968	3.031	0.028	28.023	71.977
4	0.062	97.344	2.656	0.031	37.835	62.165
5	0.064	96.891	3.108	0.031	38.250	61.749
6	0.064	96.764	3.236	0.032	43.266	56.734
7	0.065	96.810	3.189	0.033	43.885	56.114
8	0.065	96.715	3.284	0.033	44.305	55.695
9	0.065	96.711	3.289	0.033	45.099	54.900
10	0.066	96.713	3.287	0.034	45.121	54.879

从表9-5可知，山东文化发展指数SCDI主要受自身冲击影响，10期均保持96%以上；而受乡村经济RE的影响较弱，最大值也仅为第9期的3.289。说明乡村经济的发展对山东文化发展的带动效应较弱，更多的是依靠自身实现文化的内生性、可持续性、高质量发展。乡村经济对自身冲击影响的解释能力随滞后期的增加逐渐减弱，降至54.879%；但山东文化发展对乡村经济变动的解释程度不断提高，在第10期达到了45.121%。说明山东文化发展对乡村经济实现稳定增长起到了积极的促进作用，促进乡村经济增长需要一定的文化推动。

第十章 文旅产业融合发展的实证分析
——基于四川省的研究

第一节 对文化产业与旅游产业的耦合实证研究

通过对四川省文化产业与旅游产业的原始数据的收集以及对指标进行标准化处理（处理方式均用的是 Excel 处理，小数点保留的是后四位，因此最终的计算结果可能会有偏差），在进行标准化处理后利用权重公式对文化产业与旅游产业求出其权重（见表 10-1），再根据发展水平指数公式和耦合度模型以及耦合协调度的公式计算出文化产业的综合发展水平指数 s_1 和旅游产业之间的综合发展水平指数 s_2，以及文化产业与旅游产业的耦合协调度 $D(s_1, s_2)$。

表 10-1 四川省文旅产业耦合协调度

年份	文化产业发展水平 s_1	旅游产业发展水平 s_2	耦合协调度 D	耦合协调等级
2012	0. 3122	0. 1818	0. 4881	濒临失调
2013	0. 3187	0. 2010	0. 5031	勉强协调
2014	0. 3200	0. 0988	0. 4217	濒临失调
2015	0. 2646	0. 1857	0. 4708	濒临失调
2016	0. 5035	0. 1950	0. 5598	勉强协调
2017	0. 5787	0. 2268	0. 6019	初级协调
2018	0. 6126	0. 3264	0. 6687	初级协调
2019	0. 8195	0. 8464	0. 9126	优质协调

最后根据 s_1 和 s_2 计算出文化产业与旅游产业的同步发展水平 $p(s_1, s_2)$（见表 10-2）。

表 10-2　四川省文化产业与旅游产业同步发展水平

年份	同步性 P	同步类型
2012	1.716753	旅游滞后性
2013	1.585861	旅游滞后性
2014	3.239224	旅游滞后性
2015	1.424773	旅游滞后性
2016	2.581696	旅游滞后性
2017	2.551377	旅游滞后性
2018	1.87665	旅游滞后性
2019	0.968222	同步发展型

第二节　对耦合实证研究结果分析

一、产业发展水平结果分析

通过公式计算得到四川省文旅产业的综合发展水平指数 s_1、s_2（见表 10-1），并根据不同年份的发展趋势绘制成图（见图 10-1）。从图 10-1 中可以看出，文化产业与旅游产业的发展水平总体呈上升趋势，2012~2015 年文化产业处于 0.3 左右的较低发展水平，2015 年后发展水平大幅度地上升，在 2019 年达到了 0.8 以上的相对较高水平；2012~2017 年旅游产业的发展水平大体上保持在 0.2 左右的水平，2017 年后，旅游产业的发展水平就有了快速发展的趋势，在 2019 年也达到了 0.8 以上的水平。从文旅产业的整体发展水平可以看出，旅游产业一直处于较低发展水平，旅游产业的发展滞后于文化产业的发展。

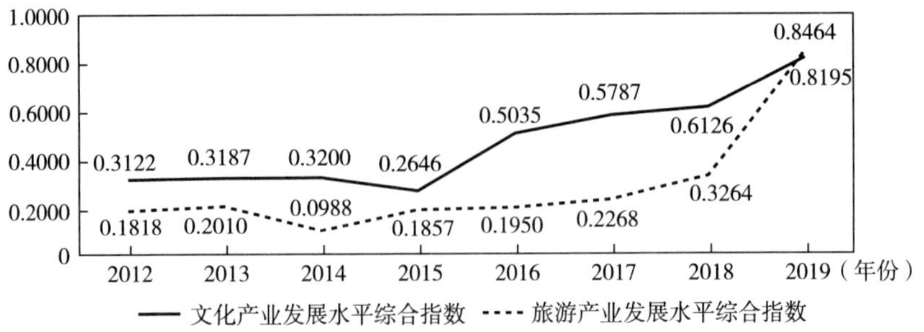

图 10-1 四川省文化与旅游产业发展水平趋势

二、产业耦合协调度与产业同步性结果分析

根据文化与旅游产业的耦合协调度划分标准，得到四川省文化产业与旅游产业两大产业的耦合协调度等级划分表，其结果如图 10-2 所示。

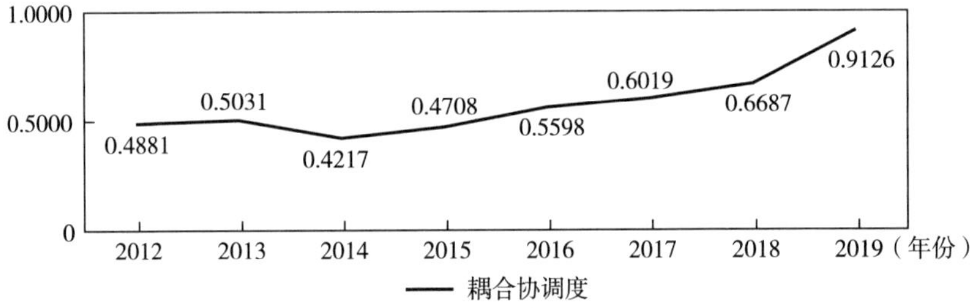

图 10-2 四川省文化与旅游产业耦合协调度发展趋势

根据上述模型以及实证分析可知，四川省在 2012~2019 年文化产业与旅游产业的发展情况、耦合协调程度及同步性发展情况。实证结果表明文旅产业的耦合度不足，文化产业与旅游产业的协调度在大部分年份中都是处于从不协调到勉强协调的状态，尤其是在 2014 年协调度最低，处于濒临协调的状态。2012~2015 年文化和旅游产业发展水平不高，并且两者的耦合协调等级也处于较低水平，大体上呈现失调的状态。结合图 10-1 来看，文化产业的发展水平远远高于旅游产业的发展水平，从同步发展类型来看，四川省属于旅游产业发展滞后型。

通过以上结果可以看出，在 2015~2018 年文旅产业的发展差距最大，文化产业的综合发展水平在0.5~0.6，而旅游产业的综合发展水平却处于0.2~0.3的水平，从两者的差距可以看出耦合协调度不佳，依然处于勉强协调的发展状态，但随着旅游产业的发展，文旅产业的耦合协调向着初级协调的方向发展。经过实证发现，在2018年文旅产业的耦合达到了一个初级协调的状态，近年来逐渐呈现出良好的发展态势，旅游产业的发展逐步向文化产业的发展方向靠拢，两者耦合发展的态势逐年增加，在2019年两者的耦合协调度达到了一个优质协调的发展状态，对产业之间的融合有巨大的促进作用。再结合表10-2文化产业与旅游产业的同步性划分可以看出，在2019年之前旅游产业都是属于滞后型产业，这与产业的发展水平刚好相对应，旅游产业的发展滞后影响了耦合协调度，但是在2019年旅游产业得到了快速发展，旅游产业与文化产业的协调度达到了优质型，旅游产业与文化产业也是呈现出同步型的发展状态。原因在于2018年组建了文化和旅游部，“十四五”规划中明确提出，推动文化和旅游融合发展，四川省人民政府对文旅产业的融合也是非常重视的。在近几年的政府工作报告中多次提到了文化产业与旅游产业的深度融合，并且出台措施与政策打造文旅品牌建设以及规划建设文化旅游融合发展示范园区。政府对文旅产业的重视以及相继出台的政策使文旅产业近几年来以及未来将会向着更好、更深、更协调的方向发展。

第十一章　数字经济与文化服务效能提升

党的十八大以来，党中央始终把发展公共文化服务摆在重要位置。2021 年 6 月，文化和旅游部印发的《“十四五”公共文化服务体系建设规划》明确指出，增强公共文化服务实效性，推动公共文化服务网络化、数字化、智能化建设，助力服务效能提升等，充分体现了我国对公共文化事业的重视，同时也为公共文化事业发展指明了方向。近年来，我国现代公共文化服务体系建设日益加快，但同时也存在公共文化服务体系建设力量分散、资源整合机制需要健全、服务平台建设乏力等弊端，导致城乡、不同区域之间所享有的公共文化服务存在差异性和不均等性，降低了公共文化服务效能。故而，如何有效地顺应公共文化服务发展的路径，借助现代化技术实现公共文化数据资源的合理配置，是我国现阶段提高公共文化服务效能的关键。

当今世界，数字经济发展速度之快、辐射范围之广、影响程度之深前所未（胡坚波，2002）。时不我待抢抓数字机遇，是公共文化服务效能提升的核心动力。将数据作为生产要素，制定数据战略，打造数据文化资源中台，构建智能服务应用推动数据驱动力，打造数字资产化与资产数字化，使数据资源安全得到防护，充分保护数据主体的信息，使数据文化资源自由流通（韩海庭等，2019），继而挖掘公共文化资源价值，最终带动服务效能的提升。目前公共文化服务的传统供应模式发生变化，数字经济时代，政府、社会组织等主体力量应利用好公共文化资源，适应新时代变化，维护公共文化的数据权力与数据运作，寻求管理和制度的创新，加强公共文化服务的数字化建设，突出现代智能在公共文化服务中的技术效能（赵友华和张慧敏，2002）。

在数字经济时代的宏观背景下，唯有以“数字经济”为契机，加强公共文化服务的数字化建设，才能更好地维护公众文化权益，使用户享受更加均等化的公共文化服务，有效提高公众的服务满意度。本书立足于数字经济的时代特征，着重探索提高公共文化服务效能的智能化途径，并对其价值和优势进行剖析，更好地构建公共文化服务发展规划；同时，基于数字经济时代公共文化服务效能提升面临的困境，从提升公共服务效能的现实逻辑出发，指明数字经济视域下我国公共文化服务效能提升的路径创新。

第一节　数字经济时代公共文化服务效能提升

数字经济时代的来临无疑极大地推动了公共文化服务的发展，对于公共文化服务效能的提升具有重大意义。但是即便当前我国的公共文化服务在供给主体的多元化、文化数据要素的多样化以及数字资源配置技术的智能化的推动下取得了一定成绩，但对照公共文化服务的均等化和便利化特征、强化公共文化服务的数据治理能力、有效评估公共文化服务效能方面仍然存在一定的差距和不足。

一、平台建设乏力

公共文化服务云平台作为网络公共文化服务的主要载体，打破了时空的局限，保障了公共文化服务的均等性与便利性（尚子娟和任禹崑，2022）。数字经济时代，大数据技术、区块链、云计算、人工智能等数字技术的兴起更是公共文化服务云平台发展的直接驱动力，通过云平台的构建，有效挖掘用户的潜在需求，提供精准服务，提高服务效率，同时有利于减少各部门之间的沟通成本，有助于解决当前我国公共文化事业发展中存在的服务均等化与精准化问题（韦景竹，2020）。但目前我国公共文化服务云平台建设力量分散，开发力度薄弱，存在业务部门数据分析能力不足的问题，并且各部门之间表达业务需求的程序繁冗，导致服务低效，服务覆盖面积受限。主要原因在于我国公共文化服务云平台的建设力量除政府外，还有部分文化企业和民间组织，虽各有优势，但各自为政，缺乏沟通。另外，多样化的文化数据资源由于缺乏云平台的分析与处理，导致公众无法对其的真实性进行有效辨别，降低了服务质量和服务效能。

因此，通过搭建公共文化服务云平台进行传统服务模式的升级与转型，实现公共文化服务云平台建设的多主体参与，构建网络化的平台运营体系，加强各部门间的联系，减少协作壁垒，简化服务程序，对各类文化数据信息进行实时分析与整合，解决公众如何有效精准获取资源服务的问题，最终实现文化数据资源的高效共享。另外，在公共数字文化服务领域，针对公共文化数据资源虚假性、劣质性问题，我们可以借助区块链技术的优势构建大数据资产运营平台，利用内部资源的验证机制，建立分布式的信任账薄，进而建构公共数字文化云平台。

随着数字经济的不断发展，公共文化服务云平台的优势性不断得到显现。例如，2021 年，北京市朝阳区文化和旅游局积极探索线上公共文化服务模式，进行数字化服务的转变，借助“云端”持续扩大公共文化服务的覆盖面，通过“云”上办、“云”上传、“云”上见等多种形式，提供多元化产品，满足用户多样化的文化需求，提高公共文化服务的便利性，提升公共文化服务效能。

公共文化服务云平台是智慧城市建设的重要内容，是政府与民众之间的联系桥梁，是公共数字文化服务的发展趋势。公共文化服务云平台的建立提升了公共文化数据要素的获取与使用效率，实现了公共文化资源价值分配的最大化（黄新华和陈宝玲，2022），有助于“人人参与、共建共享”普惠格局的形成。

二、信息监管不力

如今，网络文化市场作为一种依托大数据技术支撑的新型文化市场，在推动公共文化服务的发展，使人们更方便、快捷地享受公共文化资源方面起着至关重要的作用。但任何事物的产生都有两面性，我国公共数字文化服务在快速发展过程中出现了一些不健康、不规范的苗头与趋势。近几年，文化数据资源越来越丰富，文化产品和内容出现“变质”，文化大数据资产化管理存在困难，网络文化问题呈多样化、复杂化趋势。一方面，由于网络的开放性与分布式的存储特性，使任何个体都能在网上自由地发布信息，但监管机构很难及时发现这类信息，从而导致违法、虚假信息在网络中蔓延，有的甚至还会对未成年人的身心造成极大的危害。另一方面，公共数字文化产品具有可复制、价格低廉的特点，使其易于在网上迅速普及。而监管机构对网络侵权的监管尚处于探索阶段，缺乏有效的管理监督体系；网络服务商也因自身的利益问题未能有效地履行监管职责，致使网络侵权现象时有发生，侵犯了版权人的合法权益。解决文化数据资源的监管问题，更好地保障信息安全和用户权益，建设一个绿色安全的互联网环境，都需要进一步探索和完善。

在数字经济时代，加强公共文化服务的信息监管与质量把关，坚持促进发展与监管规范两手抓、两手都要硬，是数字化时代提高公共文化服务效能的重要议题。首先，以现代化技术提高监督效率。基于云计算的信息资源管理系统构建更加完善的数据内容监管和风险防范平台，对网络信息的产生、利用、共享与销毁的全过程进行监督，提高风险识别、评估和预警的能力，重点关注网络信息的合法性与安全性；应基于数字经济时代的特点，相关监管部门需要实施数字监管工程，以数字化为载体，提升公共文化服务内容的整体治理和监管能力，摒弃传统的静态化管理模式，构建动态化的数字化监管管理体系（王德祥，2022）。其次，要进一步完善事中、事后监管长效机制，在公平、公正的原则下，强化监督力度，使公共文化工作有序、健康地进行。最后，基于区块链去中心化的特性建立协作机制。加强网信、新闻出版等行政职能部门之间的联系与交流，实现信息共享、执法共进，形成对版权的监管合力。围绕新情况、新问题，在适时补充、动态调整中，不断提高公共文化数据资源的监管与治理能力，实现公共文化服务的长远发展。

数字经济已成为推动公共文化服务发展不可或缺的有机组成部分，而公共文化服务的优质发展必须基于数字经济的关键技术与信息监管并肩向前。实际上，近几年公共文化服务的快速发展不仅是公共文化数据要素优化配置的结果，也得益于相对较好的监管环境，得益于在创新公共文化服务体系与信息监管之间找到了一个较好的平衡点，对提升公共文化服务质量、提高用户的服务满意度具有不容忽视的影响。

三、评估体系欠缺与改进

随着用户对公共文化服务的需求日益多样化、差异化，现存的公共文化服务能否满足公众的真正需要是一个值得思考的问题。而公共文化服务评估体系对于公共文化服务发展方向的测评和用户服务满意度的评价具有重要的意义，因此需要构建相应的指标评价体系对公共文化服务效能进行评估，以此考察服务效能的提升与否。但是目前我国公共文化服务评估指标体系存在些许问题，在一定程度上阻碍了公共文化服务的发展，一方面我国的公共文化服务评价指标多样化，缺少系统的指标体系框架，导致多维异构的公共文化资源的效用评价方法存在差异大、难以融合等问题（只莹莹，2021），不利于服务效能评估考核体系的构建。

同时由于缺乏统一的指标体系和评估方法导致公共文化服务绩效考核评估应用机制还不健全，分散的结果无法形成统一的、有价值的信息反馈（吴高等，2019），降低了服务效能。

为此，在数字经济时代背景下，首先应开展基于大数据技术的服务效能评估。政府等相关部门应开展广泛、深入的公共文化服务调研，借助大数据技术对能够从时间、空间等层面体现公共文化服务效能的指标进行统计和分析，使其涵盖整个公共文化领域，之后列举出具有代表性的数据项并建立指标数据库；最终确定各类特定指标之间的相关性，并衡量其社会价值，综合各评价指标的权重，基于此，构建一套客观的服务效能评价体系与评估模式。其次应基于云计算的动态化特性构建用户评价的动态反馈机制，保证政府、社会组织等主体力量满足用户文化需求的及时性和有效性。另外，全面有效的评估反馈制度是提升服务效能的重要手段。因此，优化评估反馈机制，通过公共文化服务云平台加强与用户的沟通，构建面向社会公众广泛开放的公共文化服务测评系统，建立自评与他评的双向评价机制，最终形成以公众的需求为引导、以用户满意度评估为主导的公共文化服务效能评估体系。

服务效能是度量公共数字文化服务体系建设成效的重要指标，而公共文化服务评估体系作为评价服务效能的唯一方式，通过对文化数据资源的供给主体、供给方式、供给机制等方面进行有效评估，以此作为政府和社会组织等服务体系建设力量调整服务工作思路、改进服务措施的必要手段，进而提高公共文化产品和服务供给的质量与效率，确保公共文化服务体系的良性运行（叶露，2021）。

第二节　数字经济时代公共文化服务效能提升的路径和措施

公共文化服务效能是随着信息化、网络化和数字化在公共文化服务领域中的应用，以及由于用户文化需求的复杂化、文化数据资源的多样化和文化服务形式的多元化而内生的公共文化服务体系建设的衡量指标。在数字经济时代下，公共文化服务效能的提升对于公共文化服务的稳定发展以及实现公众参与和群众满意程度的最大化具有重要的意义。而未来公共文化服务效能提升的关键是在解决上述挑战的基础上，在理念创新、空间拓展和质量提升等方面精准发力，适应数字化发展需要，为大众提供更丰富、更便利、更均等的公共文化服务，由此推动公共文化服务的高质量发展。

一、促进公共文化服务理念创新

（一）协同理念

当前数字文化产品越发复杂，人们对公共文化服务的质量要求也越来越高，而政府在公共文化事业的发展中充当着所有者和管理者等众多角色，导致其他社会力量的文化资源、文化服务的作用得不到充分发挥。并且随着社会阶层的不断分化，不同主体的服务要求更加多样，公共文化服务体系建设已成为政府的重难点任务之一，对此造成了巨大的资源压力、财政压力等（王锰等，2018）。因此，公共文化服务体系建设应鼓励企业、社会组织等力量共同参与、协同治理，实现文化发展、治理体系的转型升级，强化文化数据要素的治理能力，提高公共文化服务效能，打造公共文化服务体系建设协同治理新格局。

（二）市场化理念

传统的以政府为主导的公共文化服务模式已难以满足公众的多层次文化需求，亟须进行改革与创新，公共文化服务市场化应运而生。在数字经济时代，一方面公共文化服务的市场化理念打破了传统的政府垄断公共文化资源的局面，将公共文化机构、社会组织、企业主体及民众等社会力量引入公共文化服务领域，确保文化数据资源的有效供给。另一方面公共文化服务的市场化理念引入了市场竞争机制，发挥了市场配置文化资源的优势，实现了公共文化资源的优化配给。同时，以竞争带动创新，以创新带动数字文化资源的发展，继而提供更加多元化的公共文化服务，加快完善“市场有效、政府有为、企业有利、个人有益”的文化资源市场化配置机制，推动公共文化服务市场化的健康发展。

（三）以用户为中心理念

当今公众消费选择较多，用户文化需求日益呈现多层次、多形态趋势，在这个注意力资源稀缺的时代，诸多政府机构、社会组织等主要针对年轻群体的文化需求进行精准供给，而忽略了老年人的精神文明需求。在数字经济时代，公共文化服务强调服务的全面性与选择的多样性，秉持“以用户为中心”的服务理念，可通过语音提示、操作演示等现代化技术为老年人提供文化服务，提高老年人的文化认同度与技术认同感。公共文化机构借助数字平台提供数据驱动的服务，将无数的用户接入同一个社交网络中，根据用户的实际情况为其提供精准服务，另外，政府及其他主体力量应更加注重公众的注意力及长期用户的维持，以消费者为中心，提高全社会的服务满意度。

二、推动公共文化服务空间拓展

（一）服务空间的扩展

在数字经济时代，在缺乏群众文化需求表达机制的情况下，政府及其他社会力量依靠自上而下的公共文化服务供给容易产生供需错位的现象，进而难以满足用户真正的文化需求（李世敏，2015）。借助数字经济时代的关键技术，不仅可以通过“线上云服务+线下实体”双平台的构建实现服务环境的公开透明，对用户的文化需求做出有效的回应，便于随时开展服务；同时，有助于完备现有的公共文化服务体系，分析海量的文化数据资源，挖掘群众的深层次文化需求，更好地根据用户文化需要开拓多元服务空间，提高服务效能。

（二）协同共享空间的构建

建立基于数字资源配置技术的网络空间资源平台，构建一个协同共享空间，既能使不同行业、不同区域的用户共享文化数据资源，又能为不同用户提供同一个交流沟通的平台。协同共享空间从某种意义上来讲属于一种互联网亚空间，可以让公众参与到公共文化空间的建构与更新当中，从而有效地增强了人们对文化的归属感与凝聚力。另外，协同共享空间使公共文化服务的“服务半径”得以扩展，有利于实现公共文化服务的公平、公正、公开，从而更好地推动公共文化服务体系由封闭低效型向协同高效型转变。

（三）虚拟实景空间的建立

虚拟实景空间主要指虚拟现实技术带来的虚拟现实化。数字经济时代，充分利用虚拟现实技术的沉浸性、交互性和构想性三大特征构建虚拟实景空间，使用户在享受网络文化服务时不仅可以产生一种身临其境的感觉，还可以利用数字技术（传感设备）与虚拟环境中的大部分对象进行交互，从而产生真实环境的体验与感受。另外，在虚拟实景空间中，用户可以充分发挥自身想象力，创造出现实世界中不存在的事物，最大程度地满足公众多维的精神文明需求，创新服务模式，拓宽服务平台，提升服务效能。

三、保障公共文化服务质量提升

（一）新技术的技能保证

当前的公共文化服务能否满足大众的真正需求，加大数字技术与文化服务深度融合不仅是提高民众满意度的关键，更是提升公共文化服务效能的重要手段（戴艳清等，2021）。在数字经济时代，利用大数据技术对文化数据资源进行分析整合，凭借移动互联网技术对公共文化资源进行跨时空配给，借助云计算提高政府对公共文化服务的管理效率与资源配置效能，通过区块链技术增强用户的数据处理能力，依托人工智能技术实现多样性的自助服务，最终实现公共文化服务的协同化、共享化、自助化。数字技术同传统公共文化服务的融合应用关键在于使公共文化治理体系的态势感知、科学决策以及风险应急响应能力得到了加强，提升了公共数字文化服务治理水平，保障了公共文化服务质量。

（二）管理理念的思想保障

公共文化服务体系建设围绕“十四五”发展目标，秉持系统性、整体性、持续性的发展理念，使政府及其他社会组织等力量的协同作用得到有效发挥，统筹规划公共文化服务发展，特别是农村偏远地区、老少边穷地区的基础设施建设和网络化、数字化建设，确保公共文化服务多样化的设施、便捷化的使用、人性化的配套服务。另外，关于协同管理的理念不断深入参与公共文化服务体系建设的各主体力量中，管理效能大幅提升，公众的思维由被动地接受转为主动地建议，公众不再仅仅是文化数据资源的接受者，更是公共文化服务体系的建设者。思维理念的创新使公共文化服务的资源管理更加有效、体系建设更加完善、服务质量得到保障。

（三）资源配置最优化的外在担保

当前，由于城乡间、区域之间的资源禀赋存在差异，并且对于政府而言，其资源整合、配置能力较差，加之数据文化资源、数据服务形式等种类繁多，因而公共文化资源呈现分布的碎片化、不均衡特征。在数字经济时代，凭借数字资源的配置技术对复杂多样的文化数据要素进行智能化分析与挖掘，为分类和整合文化资源创造了机会；并且根据不同地域的文化资源状况，构建了区域性文化资源平台，能有效地提高公共文化服务的覆盖率与文化数据资源的利用率，合理分配数据文化资源，提供相应的数据服务，从而达到“按需化”“精准化”的服务水平，使公共文化资源的配置达到最优，保障公共文化服务质量的提升，实现公共文化服务效能的最优。

参考文献

[1] Arrow Kenneth J. Uncertainty and the Welfare Economics of Medical Care: Reply the Implications of Transaction Costs and Adjustment Lags [J] . The American Economic Review, 1965, 55 (1/2): 154-158.

[2] Auty R M. Sustaining Development in Mineral Economies: The Resource Curse Thesis [M]. Routledge Press, 1993.

[3] David Throsby. Cultural Capital [J]. Journal of Cultural Economics, 1999 (23): 3-12.

[4] Donald F H. A Protected Areas Ecotourism Competitive Cluster Approach to Catalyse Biodiversity Conservation and Economic Growth in Bulgarial [J]. Journal of Sustainable Tourism, 2003 (3): 219-244.

[5] Elhorst J P. Specification and Estimation of Spatial Panel Data Models [J]. International Regional Science Review, 2003, 26 (3): 244-268.

[6] Eunseong J, Hansoo K. A Study on the Relationship Between Urban Tourism and Retail Business by Utilizing the Location Quotient Analysis [J]. Journal of Tourism Management Research, 2013, 17 (4): 357.

[7] Glaeservc E L, Kallal H D, Scheinkman J A, et al. Growth in Citis [J]. Journal of Politiical Economy, 1992 (6): 1126-1152.

[8] Greenhut M. Size of Markets Versus Transport Costs in Industrial Location Surveys and Theory [J]. The Journal of Industrial Economics, 1960, 8 (2): 172-184.

[9] Hoover E M. The Location of Economic Activity [M]. New York: McGraw-Hill, 1948.

[10] Jacobs J. The Economy of Cities [M]. New York: Vintage Books USA, 1969.

[11] James S, Coleman. Social Capital in the Creation of Human Capital [J]. American Journal of Sociology, 1988, 94 (6): 94-120.

[12] Lee K, Yhang W. A study on Characteristics of the Periodical Change by the Urban Spatial Location of Tourism Industry Through LQ Index [J]. Journal of Tourism and Leisure Research, 2007, 19 (1): 93.

[13] Lucas R. On the Mechanics of Economic Development [J]. Journal of Monetary Economics, 1988 (22): 3-42.

[14] Mankwi N G. Principles of Economics (Thind Edition) [M]. Beijing: China Machine Press, 2003.

[15] Marshall A. Principles of Economics (8th Edition) [M]. London: Macmillan, 1920.

[16] Montford K., Masurel E. Van Rijin I. Service Satisfaction: An Empirical Analysis of Consumer Satisfaction in Financial Services [J]. The Service Industries, 2000, 20 (3): 80-94.

[17] Myrdal G. Economic Theory and Underdeveloped Regions: Rich lands and Poor [M]. London: Duck worth, 1957.

[18] Patterson C. Cultural Capital and Place: Coles Bay and the Freycinet Peninsula, Tasmania [J]. Geographical Research, 2008, 46 (3): 350-360.

[19] Pierre Bourdieu. The Forms of Capital [M] //Richard Nice. Handbook of Theory of Research for the Sociology of Education. State of Tennessee: Green wood Press, 1986.

[20] Porter M E. Cluster and the New Economics of Competition [J]. Harvard Business Review, 1998 (76): 77-90.

[21] Porter M E. The Competitive Advantage of Nations [M]. New York: Free Press, 1990.

[22] Robette N, Roueff O. An eclectic eclecticism: Methodological and theoretical issues about the Quantification of Cultural Omnivorism [J]. Poetics, 2014 (47): 23-40.

[23] Romer Pual M. Human Capital and Growth: Theory and Evidence [R]. Working Paper No. 3173, NBER: 1989b.

［24］ Rvernon. International Investment and International Trade in the Product Cycle［J］. Quarterly Journal of Economics，1996（80）：190-207.

［25］ Sumuelson P A. Economics［M］. New York：MaGraw-Hill，1948.

［26］ Thomas V，Wang Y，Fan X. A New Dataset on Inequality in Education：Gini and Theil Indices of Schooling for 140 Countries，1960 -2000［R］. World Bank Working Paper，2002.

［27］ Tobler W. A Computer Movie Simulating Urban Growth in the Detroit Region［J］. Economic Geography，1970，46（11）：234-240.

［28］ UNESCO. International Flows of Selected Cultural Goods and Services，1994-2003［R］. UNESCO Sector for Culture，2005.

［29］ Weber A. Alfred Weber's Theory of the Location of Industries［M］. Chicago：University of Chicago Press，1929.

［30］ Williamson Oliver E. Hierarchical Control and Optimum Firm size［J］. Journal of Political Economy，1967，75（2）：123-138.

［31］ Young A A. Increasing Returns and Economic Progress［J］. The Economic Journal（London），1928，38（152）：527-542.

［32］ You W，Li Y，Guo P，et al. Income Inequality and CO_2 Emissions in Belt and Road Initiative Countries：The Role of Democracy［J］. Environmental Science and Pollution Researc，2020，27（6）：6278-6299.

［33］ Zweigenhaft R L. Prep School and Public School Graduates of Harvard［J］. Journal of Higher Education，1993，64（2）：211-225.

［34］ 阿尔弗雷德·韦伯．工业区位论［M］. 李刚剑，等，译．北京：商务印书馆，1997.

［35］ 阿瑟·刘易斯．经济增长理论［M］. 北京：商务印书馆，1983.

［36］ 保罗·萨缪尔森，威廉·诺德豪斯．经济学［M］. 萧琛，译，北京：商务印书馆，2012.

［37］ 操志强．文化资本对经济增长的影响研究［D］. 南昌：江西师范大学，2015.

［38］ 曹国新．旅游产业的内涵与机制［J］. 旅游学刊，2007（10）：6-7.

［39］ 曹宁．基于区位熵方法的旅游集群产业集聚度评价：以沈阳市为例［J］.

辽宁大学学报（哲学社会科学版），2013，41（5）：84-88.

［40］陈柏福．文化经济学理论研究与展望［J］．求索，2016（5）．

［41］陈冬雪．基于有序概率回归模型的广西城乡居民文化消费与幸福感关系研究［D］．南宁：广西大学，2017.

［42］陈锋，雷楠．数字金融与经济高质量发展：基于空间计量模型的实证分析［J］．管理现代化，2022，42（4）：28-34.

［43］陈国民．学校文化资本评价：基本内涵、内在逻辑与评价机制［J］．教育科学研究，2011（3）：33-37.

［44］陈珏，何伦志．文化资本、文化产业与经济发展［J］．新疆大学学报（哲学人文社会科学版），2007（4）：5-8.

［45］陈赞晓．关于文化经济理论渊源及其发展的“驱动力”原理探析［J］．理论界，2007（8）：6-10.

［46］大卫·李嘉图．政治经济学及赋税原理［M］．北京：商务印书馆，1976.

［47］戴艳清，何晓霞，郑燃．公共数字文化服务效能提升的制度优化［J］．图书馆论坛，2021，41（8）：26-33.

［48］邓永波．京津冀产业集聚与区域经济协调发展研究［D］．北京：中共中央党校，2017.

［49］丁润青．中国省域文化资本存量估算及其对旅游经济发展的空间影响研究［D］．南昌：江西师范大学，2020.

［50］杜威漩．交互赋能：乡村振兴与农田水利高质量供给［J］．广西社会科学，2022（9）：23-31.

［51］樊纲．创新诠释中国经济变革的内在规律［J］．南京社会科学，2016（8）：4-5.

［52］方叶林，程雪兰，苏雪晴，等．一体化进程对旅游经济的空间溢出效应：以长三角城市群为例［J］．地理科学，2021，41（9）：1546-1555.

［53］方叶林，黄震方，李经龙，等．中国省域旅游经济增长的时空跃迁及其趋同研究［J］．地理科学，2018，38（10）：1616-1623.

［54］费孝通．乡土中国［M］．北京：人民出版社，2015.

［55］傅玮韡，王自立，路春燕，等．中国种植业生产集聚的时空演变特征［J］．

北方园艺，2022（1）：143-150.

［56］G. M. 格罗斯曼，G. M. 赫尔普曼．全球经济中的创新与增长［M］. 何帆，译. 北京：中国人民大学出版社，2003.

［57］高波，张志鹏．文化资本：经济增长源泉的一种解释［J］. 南京大学学报（哲学·人文科学·社会科学版），2004（5）：102-112.

［58］耿长伟，段正梁．长三角城市群旅游产业集聚与旅游经济增长的关系［J］. 城市学刊，2018，39（3）：42-51.

［59］韩海庭，原琳琳，李祥锐，等．数字经济中的数据资产化问题研究［J］. 征信，2019，37（4）：72-78.

［60］韩永辉，黄亮雄，王贤彬．产业政策推动地方产业结构升级了吗?：基于发展型地方政府的理论解释与实证检验［J］. 经济研究，2017，52（8）：33-48.

［61］胡惠林．文化经济学［M］. 北京：清华大学出版社，2014.

［62］胡坚波．多措并举推进我国算法治理［J］. 人民论坛·学术前沿，2022（10）：20-28.

［63］胡郑丽．文化资源学［M］. 北京：光明日报出版社，2016.

［64］黄东明．湖南旅游产业集聚测度及其对旅游经济增长的影响研究［D］. 长沙：湖南师范大学，2019.

［65］黄群．梁漱溟乡村建设理论及其现代意义［J］. 贵州社会科学，2009（7）：133-136.

［66］黄潇莹．区域旅游经济空间溢出效应研究［D］. 成都：西南财经大学，2014.

［67］黄新华，陈宝玲．治理困境、数字赋能与制度供给：基层治理数字化转型的现实逻辑［J］. 理论学刊，2022（1）：144-151.

［68］季凯文，丁润青，王旭伟．文旅融合新视域下文化资本对旅游业的影响效应：基于省域面板数据的空间计量分析［J］. 江西师范大学学报（自然科学版），2021，45（3）：314-323.

［69］金相郁，武鹏．文化资本与区域经济发展的关系研究［J］. 统计研究，2009，26（2）：28-34.

［70］李红，韦永贵．文化多样性与区域经济发展差异：基于民族和方言视

角的考察［J］. 经济学动态，2020（7）：47-64.

［71］李娟伟 . 异质性文化资本影响中国经济增长的理论与实证研究［D］. 西安：西北大学，2014.

［72］李康化 . 文化经济的市场逻辑［J］. 山东大学学报（哲学社会科学版），2016（4）：55-62.

［73］李沛新 . 文化资本论［D］. 北京：中央民族大学，2006.

［74］李秋雨，朱麟奇，刘继生 . 中国城市入境旅游的经济增长效应及空间溢出性［J］. 统计与信息论坛，2017，32（1）：100-106.

［75］李世敏 . 公共文化服务效能提升的三个维度及其定位［J］. 图书馆理论与实践，2015（9）：10-13.

［76］李姝姝，邢夫敏，章玲玲 . 旅游产业集聚对区域旅游业效率的影响研究：基于中国省际面板数据的实证分析［J］. 世界地理研究，2017，26（3）：134-146.

［77］李树，邓睿，陈刚 . 文化经济学的理论维度与实践进路：第五届文化与经济论坛综述［J］. 经济研究，2020，55（1）：204-208.

［78］李树榕，王敬超，刘燕 . 文化资源学概论［M］. 南京：东南大学出版社，2014.

［79］李天元 . 旅游学概论［M］. 天津：南开大学出版社，2013.

［80］李田，黄晨红，张伟，等 . 河北省域地市旅游产业集群实证研究［J］. 地理与地理信息科学，2018，34（2）：101-105+111.

［81］李想，刘春霞，李月臣 . 成渝地区双城经济圈旅游经济空间溢出效应［J］. 资源开发与市场，2021，37（6）：753-760.

［82］李莹莹 . 旅游消费增长的综合测度与空间效应研究：基于沿海地区的实证分析［J］. 海洋开发与管理，2021，5（25）：1-11.

［83］梁君 . 文化资本与区域文化产业发展关系研究［J］. 广西社会科学，2012（3）：170-174.

［84］梁坤丽，刘维奇 . 共同富裕背景下生产性服务业对城乡收入差距的影响：基于生产要素的空间计量和门槛效应分析［J］. 华东经济管理，2022，36（10）：79-89.

［85］梁漱溟 . 梁漱溟全集（第二卷）［M］. 济南：山东人民出版社，2005.

［86］梁向东，阙启越．要素配置视角下生产性服务业与城乡融合发展：基于空间杜宾模型的分析［J］．宏观经济研究，2021（4）：113–127.

［87］林存文．文化资源产业转化机制研究［D］．泉州：华侨大学，2019.

［88］刘改芳，高翠翠，杨威．文化资本对资源诅咒地区经济发展的影响研究：基于有条件资源诅咒假说［J］．云南财经大学学报，2015，31（2）：144–153.

［89］刘改芳，杨威，李亚茹．文化资本对地区旅游经济贡献的实证研究［J］．东岳论丛，2017，38（2）：127–134.

［90］刘华军，王耀辉，雷名雨．中国战略性新兴产业的空间集聚及其演变［J］．数量经济技术经济研究，2019，36（7）：99–116.

［91］刘佳，赵金金．中国旅游能源消耗与旅游经济增长的关联机制研究：基于空间面板数据模型［J］．云南地理环境研究，2013，25（5）：1–7.

［92］刘军，杨渊鋆，张三峰．中国数字经济测度与驱动因素研究［J］．上海经济研究，2020（6）：81–96.

［93］刘少和，桂拉旦．西部地区 5A 级景区旅游产业融合集聚研究［J］．甘肃社会科学，2018（5）：213–219.

［94］刘少和，梁明珠．环大珠三角城市群游憩带旅游产业集聚发展路径模式：以广东山海旅游产业园区建设为例［J］．经济地理，2015，35（6）：190–197.

［95］刘伟，张辉，黄泽华．中国产业结构高度与工业化进程和地区差异的考察［J］．经济学动态，2008（11）：4–8.

［96］陆正华，钟伟，史欣向．文化资本对企业研发效率的影响：基于广东省 21 个地级市面板数据的实证研究［J］．技术经济，2012，31（7）：14–19+46.

［97］罗明义．旅游经济学原理［M］．上海：复旦大学出版社，2004.

［98］罗斯托．经济增长的阶段［M］．郭熙保、王松茂译，北京：中国社会科学出版社，2001.

［99］吕庆华．文化资源的产业开发的文化资本理论基础［J］．生产力研究，2006（9）：183–185.

［100］吕甜甜．梁漱溟乡村建设理论的“四个意识”及其时代启示［J］．安徽农业科学，2020，48（18）：239–241+244.

［101］麻学锋，谭佳欣，黄俊．区域旅游产业集聚过程及其影响因素研

究：以湘西地区为例［J］. 旅游学刊，2021，36（9）：13-27.

［102］马晓龙，卢春花. 旅游产业集聚：概念、动力与实践模式：嵩县白云山案例［J］. 人文地理，2014，29（2）：138-143.

［103］马晓芹. 马克思主义学说中关于文化生产力的思想［J］. 中共乐山市委党校学报，2008（2）：51+71.

［104］毛彦军，曲迎波，郑天恩. 绿色信贷的碳排放效应及其能源效率机制研究：基于空间计量模型的分析［J］. 金融理论与实践，2022（9）：57-68.

［105］聂佃忠，李庆梅，郭佳，等. 文化资本与经济发展如何实现协调性：基于甘肃省文化资本测度与优化的视角［J］. 甘肃行政学院学报，2021（3）：102-114+127-128.

［106］牛淑萍. 文化资源学［M］. 福州：福建人民出版社，2012.

［107］欧阳友权. 文化产业通论［M］. 长沙：湖南人民出版社，2006.

［108］彭国华. 我国地区全要素生产率与人力资本构成［J］. 中国工业经济，2007（2）：52-59.

［109］单康康. 文化资本对产业结构升级的影响效应研究［D］. 重庆：西南大学，2016.

［110］尚子娟，任禹崑. 公益、基本、均等和便利：公共文化服务绩效的环境影响因素研究［J］. 图书馆理论与实践，2022（1）：7-17.

［111］邵琳. 人力资本对中国经济增长的影响研究［D］. 长春：吉林大学，2014.

［112］申雄宇. 务川仡佬族历史文化资源保护与产业化研究［D］. 济南：山东大学，2019.

［113］沈文星. 体验式智慧旅游研究：建构主义视角［D］. 武汉：武汉大学，2014.

［114］生延超，周玉姣，黄寅，等. 中国旅游经济增长周期的测度与评价［J］. 人文地理，2014，29（5）：113-120.

［115］四川省人民政府工作报告［EB/OL］. 四川省人民政府，https：//www.sc.gov.cn/10462/10464/10465/10595/2017/10/25/10436581.shtml.

［116］孙巍，徐邵军. 要素流动、产业结构调整与区域经济分化［J］. 科学学研究，2021，39（11）：1947-1959.

［117］谭娜，万金城，程振强．红色文化资源、旅游吸引与地区经济发展［J］．中国软科学，2022（1）：76-86.

［118］唐月民．文化资源学［M］．济南：山东大学出版社，2014.

［119］王丹，陈雅．基于区块链技术的公共数字文化服务云平台架构研究［J］．图书馆学研究，2021（11）：32-39.

［120］王德祥．中国数字经济竞争力及现实挑战研究［J］．高科技与产业化，2022，28（1）：62-65.

［121］王慧敏．旅游产业的新发展观：5C 模式［J］．中国工业经济，2007，231（6）：13-20.

［122］王俊豪，周晟佳．中国数字产业发展的现状、特征及其溢出效应［J］．数量经济技术经济研究，2021，38（3）：103-119.

［123］王凯，刘依飞，甘畅．旅游产业集聚对旅游业碳排放效率的空间溢出效应［J］．生态学报，2022，42（10）：3909-3918.

［124］王凯，刘依飞，甘畅．旅游产业集聚对旅游业碳排放效率的空间溢出效应［J］．生态学报，2022，42（10）：3909-3918.

［125］王立平，管杰，张纪东．中国环境污染与经济增长：基于空间动态面板数据模型的实证分析［J］．地理科学，2010，30（6）：818-825.

［126］王锰，陈雅，郑建明．公共数字文化服务效能的关键影响因素及其机理研究［J］．中国图书馆学报，2018，44（3）：35-51.

［127］王明康，刘彦平．城镇化、空间溢出与旅游经济：基于中国 287 个地级市面板数据的实证研究［J］．城市发展研究，2018，25（9）：61-66.

［128］王西贝，马薇．空间计量视角下的中国经济收敛状态分析［J］．数量经济研究，2019，10（2）：19-33.

［129］王小鲁．中国城市化路径与城市规模的经济学分析［J］．经济研究，2010，45（10）：20-32.

［130］王小鲁，樊纲，刘鹏．中国经济增长方式转换和增长可持续性［J］．经济研究，2009，44（1）：4-16.

［131］王新越，芦雪静．中国旅游产业集聚空间格局演变及其对旅游经济的影响：基于专业化与多样化集聚视角［J］．地理科学，2020，40（7）：1160-1170.

［132］王永明，马耀峰．城市旅游经济与交通发展耦合协调度分析：以西安

市为例［J］. 陕西师范大学学报（自然科学版），2011，39（1）：86-90.

［133］王友明. 旅游业对无锡经济社会发展的影响力和贡献度研究［D］. 南京：南京理工大学，2006.

［134］王云，龙志和，陈青青. 文化资本对我国经济增长的影响：基于扩展MRW模型［J］. 软科学，2013，27（4）：12-16.

［135］王韵迪. 文化资本存量时空差异及其对广东省旅游经济发展影响分析［D］. 广州：华南理工大学，2018.

［136］王兆峰，霍菲菲. 湖南武陵山区旅游产业集聚与区域经济发展关系测度［J］. 地域研究与开发，2018，37（2）：94-98.

［137］韦景竹. 专题研究：智慧公共文化服务及公共文化云平台［J］. 情报资料工作，2020，41（4）：11.

［138］魏杰. 文化经济学［M］. 北京：企业管理出版社，2020.

［139］温忠麟，叶宝娟. 中介效应分析：方法和模型发展［J］. 心理科学进展，2014，22（5）：731-745.

［140］文化及相关产业分类（2018）［EB/OL］. 中国政府网，https：//www.gov.cn/zhengce/2018-04/23/content5285149.htm，2018-12-31.

［141］吴柏莹. 产业集聚对经济高质量发展的影响研究［D］. 长春：吉林大学，2022.

［142］吴高，林芳，韦楠华. 公共数字文化服务绩效评价现状、问题及对策分析［J］. 图书情报工作，2019，63（2）：60-67.

［143］吴雪萍，赵果庆. 中国空间基尼系数：测算、改进与趋势［J］. 统计与决策，2017（3）：5-9.

［144］吴玉鸣. 旅游经济增长及其溢出效应的空间面板计量经济分析［J］. 旅游学刊，2014（2）：16-24.

［145］习近平. 不断做强做优做大我国数字经济［J］. 中国信息安全，2022（1）：16-20.

［146］习近平. 决胜全面建成小康社会　夺取新时代中国特色社会主义伟大胜利：在中国共产党第十九次全国代表大会上的报告［M］. 北京：人民出版社，2017.

［147］向勇. 文化产业导论［M］. 北京：北京大学出版社，2015.

［148］谢露露，王雨佳．旅游产业集聚对经济增长的空间溢出效应：来自长三角地区的经验研究［J］．上海经济，2018（4）：17-32.

［149］徐静，赵静，吴慈生．企业家文化资本与企业家精神［J］．管理世界，2016，270（3）：180-181.

［150］徐现祥，刘毓芸，肖泽凯．方言与经济增长［J］．经济学报，2015，2（2）：1-32.

［151］许德金．国家文化资本的研究框架与测量体系构建：国家文化资本论（下）［J］．江淮论坛，2013（6）：132-136.

［152］亚当·斯密．国民财富的性质和原因的研究（上卷）［M］．郭大力，王亚南，译．北京：商务印书馆，1972.

［153］杨一兰．金融支持民族地区旅游经济发展研究［D］．张家界：吉首大学，2019.

［154］叶露．农村居民参与公共文化服务活动意愿的影响因素研究：基于H省T市实证数据的分析报告［J］．农村经济与科技，2021，32（7）：291-293.

［155］约瑟夫·阿洛伊斯·熊彼特．经济发展理论［M］．叶华，译．北京：九州出版社有限公司，2006.

［156］张春香．基于钻石模型的区域文化旅游产业竞争力评价研究［J］．管理学报，2018，15（12）：1781-1788.

［157］张军，吴桂英，张吉鹏．中国省际物质资本存量估算：1952—2000［J］．经济研究，2004（10）：35-44.

［158］张蕾．我国艺术品市场与产业发展研究［J］．中国商贸，2012（1）：82-83+106.

［159］张凌洁，马立平．数字经济、产业结构升级与全要素生产率［J］．统计与决策，2022，38（3）：5-10.

［160］张清正．区域旅游经济效应的理论与实证研究［D］．南昌：南昌大学，2010.

［161］张淑文，陈勤昌，王凯．旅游产业集聚与区域旅游经济增长的关系：基于2001—2017年中国省际面板数据［J］．热带地理，2020，40（1）：154-163.

［162］张勋，王旭，万广华，等．交通基础设施促进经济增长的一个综合框

架 [J]. 经济研究，2018，53（1）：50-64.

[163] 张志亮．旅游开发背景下大寨的文化资本及其再生产 [J]. 旅游学刊，2009，24（12）：36-41.

[164] 张祖旻．杭州西湖风景名胜区旅游经济发展的实证研究 [D]. 杭州：浙江工业大学，2009.

[165] 赵尔奎，杨朔．文化资源学 [M]. 西安：西安交通大学出版社，2016.

[166] 赵金金．中国区域旅游经济增长的影响因素及其空间溢出效应研究：基于空间杜宾面板模型 [J]. 软科学，2016，30（10）：53-57.

[167] 赵友华，张慧敏．公共文化服务效能提升的智能图景与现实逻辑 [J]. 图书馆，2020（3）：1-6.

[168] 郑世林，周黎安，何维达．电信基础设施与中国经济增长 [J]. 经济研究，2014，49（5）：77-90.

[169] 只莹莹．新时代公共文化服务共建共享推进策略探析 [J]. 图书馆，2021（2）：8-14.

[170] 中共中央、国务院关于实施乡村振兴战略的意见 [M]. 北京：人民出版社，2018.

[171] 中共中央马克思恩格斯列宁斯大林著作编译局．马克思恩格斯全集（第42卷）[M]. 北京：人民出版社，2017.

[172] 周建新，刘宇．我国省域文化资本估算及其空间差异：基于2007—2017年省域面板数据的研究 [J]. 山东大学学报（哲学社会科学版），2019（5）：72-83.

[173] 周云波，武鹏，高连水．文化资本的内涵及其估计方案 [J]. 中央财经大学学报，2009（8）：91-96.

[174] 周正刚．论文化资源的可持续开发 [J]. 求索，2004（11）：107-109.

[175] 朱伟珏．文化资本与人力资本：布迪厄文化资本理论的经济学意义 [J]. 天津社会科学，2007（3）：84-89.

[176] 祝晔，殷红卫，赵志霞．中国省域文化资本对旅游经济的空间溢出效应研究 [J]. 南京师大学报（自然科学版），2022，45（3）：61-67.